I0563908

www.andrea-v.de

Impressum

Andrea Voß
Am Schloss 12a
16818 Wustrau

Kontakt:
Telefon: 0152/ 04641405
E-Mail: info@andrea-v.de

Homepage: www.andrea-v.de

Bibliografische Information der Deutschen
Nationalbibliothek: Die Deutsche Nationalbibliothek
verzeichnet Publikation in der Deutschen
Nationalbibliografie; detaillierte bibliografische Daten
sind im Internet über dnb.d-nb.de abrufbar.

TWENTYSIX – Der Self-Publishing-Verlag

Eine Kooperation zwischen der Verlagsgruppe Random
House und BoD – Books on Demand

2018

Herstellung und Verlag:

BoD – Books on Demand, Norderstedt

ISBN:

978-3-7407-5184-5

ICH LIEBE
DAS LEBEN

EXPOSEE
Jeder lebt weiter in anderer Leute Kopf. Jeder hat sein Lebenswerk, einen Nachlass. Ein Haus, ein Baum, ein Buch, ein Gemälde, ein Kind. Es ist übrigens hilfreich, sich zu Lebzeiten, bewusst zu machen, welche Spuren man hinterlassen will.

Andrea Voß
Mein Leben mit Brustkrebs und wie ich das Positive Denken erlernte.
Teil 1 - Neuauflage

Andrea Voß

Andrea Voß ist am 24.12.1963 in Barthmannshagen (Grimmen) in Mecklenburg-Vorpommern geboren. Die Kleinkinderzeit verlebte sie in Vorland, einem kleinen Dörfchen in der Nähe von Grimmen. 1970 zog sie mit ihren Eltern und ihrem Bruder in das Zietendorf Wustrau, wo sie auch heute noch lebt. Sie machte eine Ausbildung zum Maschinenbauzeichner und später ein Studium zum Techniker für Maschinenkonstruktion. Dann machte sie noch eine Weiterbildung zur EDV-Bürofachfrau. Im Alter von 50 Jahren erkrankte die Mutter von einer Tochter plötzlich an Brustkrebs. Sie möchte mit diesem Buch ein Zeichen setzen, dass das Leben auch mit einer Krankheit schön sein kann.

Mein Leben mit Brustkrebs und wie ich das positive Denken erlernte

Teil 1 :

Neuauflage

Bilder von Andrea Voß

Twentysix 2018

5

Inhaltsverzeichnis

Vorwort:

Seit meiner Brustkrebserkrankung ist mir sehr bewusst, dass wir meist in dem Glauben, noch ewig lange Zeit zu haben oft nicht im Augenblick – sondern mit dem Warten auf die großen, besonderen Dinge der Zukunft – leben. Und so die kleinen glücklichen Dinge in unserem Alltag verpassen, die eigentlich unser Leben ausmachen und wir umso mehr wertschätzen sollten; man weiß nie, wie viele davon noch kommen werden. Ich möchte in diesem Blog meine Gedanken und Gefühle verarbeiten. Ich begebe mich in diesem Buch auf eine Zeitreise durch mein Leben. Ich befasse mich ausführlich mit dem Thema Leben im Hier und Jetzt.

Ich glaube ganz fest an

"Die Macht des positiven Denkens." " Und dass mit dem positiven Denken jedes Wunder möglich ist."

Ich möchte mich auf diesem Wege ganz herzlich bei meiner Familie, meinen Freunden und Freundinnen bedanken, die in dieser schweren Zeit immer für mich da waren.

Liebe Jacki, Dir gilt mein ganz besonderer großer Dank. Du warst immer für mich da, als ich Dich so sehr brauchte. Wir haben in dieser Zeit trotz alledem viel zusammen gelacht und auch geweint.

Meine Krankheit hat mir erst aufgezeigt, wie wichtig gute Freunde im Leben sind. In guten wie in schlechten Zeiten.

Ich finde es so toll, dass es Menschen, Freundinnen an meiner Seite sind, die dieselbe Einstellung zum Leben haben, wie ich. Ich habe jetzt viel mehr Zeit für die Dinge die mir Spaß machen. Ich habe auch eine sehr liebe Freundin und eine kleine Familie die zu mir halten. Ich habe nun viel mehr die kleinen Dinge zu schätzen gelernt. Jeder Tag zählt.

Nicht nur die Sonne brauchen wir, auch Menschen um uns herum, die unsere Freunde sind, und uns so nehmen, wie wir eben sind...

Auch ganz besonders bedanke ich mich bei meiner Sportgruppe „Sport zum Leben" und unserem Trainer Michael W. Wir haben alle sehr viel Spaß und Freude miteinander.

Auch ich nehme an so einem Sportprojekt teil und möchte mich auf diesem Wege einmal bei den Akteuren dieses Projektes bedanken. Der Sport verhilft mir zu neuem Mut und Kraft in Zusammenhang mit meiner Krebserkrankung. Das Training treibt mich an. Der Sport bringt mir Erholung und meine Belastungen werden besser abgebaut.

Manchmal bin ich wie besoffen vor Glück, wenn ich in einer meiner Turnstunden am Rücken liegend die Wolken am Himmel sehen kann. Wenn ich in einen strahlenden Tag hineingehe. Wenn ich mir bewusst mache, dass ich noch hier sein kann. Dass das nicht so selbstverständlich ist.

Ich habe gestern noch eine E-Mail an die Stiftung Leben mit Krebs geschrieben und habe mich sehr über die rasche Antwort gefreut.

Hier der Inhalt meiner Email an die Stiftung Leben mit Krebs:

Danke für das Sportprojekt Sport zum Leben

Sehr geehrte Damen und Herren, ich möchte mich auf diesem Wege bei Ihnen für das Sportprojekt: Sport zum Leben bedanken. Auch ich nehme seit meiner Krebserkrankung auch an solch einem Sportprojekt teil. Dieser Sport macht mir Mut und gibt mir meine Kraft zurück. Vielen Dank an alle Akteure und vor allem an das Team von der alten Alten Schwimmhalle Reha Zentrum in Neuruppin. Mein besonderer Dank gilt Herrn M. Wöge und Patrick L., Antje S. Vielleicht melde ich mich ja noch zur Neuruppiner Regatta an. Viele liebe Grüße von Andrea Voß aus Wustrau:

www.andrea-v.de

Sehr geehrte Frau Voß,

haben Sie vielen Dank für Ihre nette Rückmeldung. Ich habe Ihre Nachricht an den Vorstand unserer Stiftung und an die Projektverantwortlichen in Neuruppin weitergeleitet. Sie alle haben sich über Ihre Nachricht sehr gefreut. Ihr Feedback ist uns sehr wichtig und gibt uns Zuversicht, dass die Tätigkeit der Stiftung Leben mit Krebs und die Entwicklung unserer Projekte, speziell des Sportprojektes am Rehazentrum in Neuruppin, auf die Bedürfnisse der Patienten angepasst sind und ein wichtiger Teil der komplexen Therapie ist. Die wenigen Zeilen Ihrer Email drücken sehr gut aus, auch wie langfristig positiv die Effekte der Sportinitiative sind. Selbstverständlich freuen wir uns auch auf Ihre Teilnahme an der Regatta am 05. September. In diesem Sinne wünschen wir Ihnen alles Gute und noch viel Spaß in dem Sportprojekt.

Mit freundlichen Grüßen,
Justyna Iskierka
Projektkoordinatorin
Stiftung Leben mit Krebs
Mainzer Straße 48
55252 Mainz-Kastel

www.stiftung-leben-mit-krebs.de
www.rudern-gegen-krebs.de

Zur Erinnerung an die Goldene Erinnerung in Wustrau Juni 2011 (Gemäldenachbildung dargestellt)

Beschreibung zum Foto: Auf dem Foto bin ich in der Mitte abgebildet zusammen mit 2 Kindern aus meinem Dorf. Das Stück nannte sich damals "Lebende Bilder". Das Gemälde sollte die Constance von Zieten-Schwerin darstellen. Ich kann nur sagen, dass ich mich damals in der Verkleidung sehr wohl gefühlt habe.

Constance und ihr Gatte waren ein einmaliges Paar. Das verdient eine einmalige Feier, finden die Wustrauer. Von Nadine F.; Wustrau London, Wustrau, Monaco heißtes, wenn sich in diesem Jahr der europäische Adel das Jawort gibt. Denn Prince William und Fürst Albert und ihre Auserwählten bekommen Konkurrenz - auch am Ruppiner See wird Hochzeit gefeiert. Und was für eine. Vor 100 Jahren hatte im Dörfchen Wustrau das Grafenpaar Constance und Albert-Julius von Zieten-Schwerin zur goldenen Hochzeit geladen. Daran erinnern die Wustrauer mit einem einzigartigen Fest, zu dem auch der König der deutschen Adelsexperten - Rolf Seelmann-Eggebert - zugegen sein.

Im Juni 2011 fand dann das einmalige Fest bei uns in Wustrau auf dem Schloss Gelände statt.

Ich erinnere mich gerne an diesen wundervollen Tag. Alles war so festlich geschmückt. Wir Frauen aus dem Dorf hatten Kuchen gebacken. Es gab im Park eine riesige Kaffeetafel.

Hier noch einige Bilder von diesem tollen Ereignis:

Ich mit meiner Tochter und eine ehemalige Klassenkameradin

Beschreibung zum Foto: Auf dem Foto ist die Constance von Zieten Schwerin mit Ihrem Ehegatten und die Hochzeitsgesellschaft zu sehen, nachgestellt von einem Paar aus meinem Heimatort Wustrau.

Beschreibung zum Foto: „Lebende Bilder": eine Gemäldenachstellung von dem Originalgemälde auf dem Constance von Zieten Schwerin zu abgebildet ist.

Beschreibung zum Foto: „Lebende Bilder": eine
Gemäldenachstellung von dem Originalgemälde auf
dem Constance von Zieten Schwerin zu abgebildet ist

Beschreibung zum Foto: „Lebende Bilder": Es wurde
auf diesem lebenden Bild die Hochzeitsgesellschaft von
der Goldenen Hochzeit von Zieten Schwerin dargestellt.

Mittwoch, den 05.Juni 2014

Ich habe gestern Nacht sehr schlecht geschlafen. Ich bin um 02.00 Uhr nachts aufgestanden und habe mich in die Wohnstube gelegt, um weiter zu schlafen. Mein Partner wurde durch mein Gelaufe wach, obwohl ich mich sehr vorsichtig rausgeschlichen hatte. Ich möchte meinen Partner in der Nacht nicht so sehr stören, da er seinen Schlaf für seinen anstrengenden Arbeitstag benötigt. Heute früh um 6.10 Uhr stand ich auf und weckte meine Tochter. Ich bereitete Ihr einen Toast, Kamillentee und auch etwas Obst zu.

Um 7:10 Uhr fuhr ich dann meine Tochter und Ihre Freundin zum Bahnhof. Dann fuhr ich zum Bäcker und holte mir ein ½ Mischbrot, ½ Brötchen und eine Schokomilch. Als ich wieder zu Hause war, machte ich 2 Maschinen Feinwäsche an und hing die Wäsche dann anschließend auf. Nun fing ich an nach der Chipkarte zu suchen. Neulich nach der OP hatte ich die Chipkarte das letzte Mal gesehen. Ich geriet fast in Panik und rief daraufhin im Krankenhaus an. Die Schwester am Empfang von der ambulanten OP beruhigte mich erstmal und sagte mir, dass die Karte sich sicherlich bald noch anfinden würde. Dann suchte ich noch einmal alle Jacken ab und fand die Karte dann auch. Ich war total erleichtert. Man hat ja doch immer einen Haufen Rennereien, wenn man so eine Karte verliert.

Ich merke, dass ich seit der Diagnose Brustkrebs viel zerstreuter bin. Die Narkosen und die OPs machen sich auch immer noch bemerkbar.

Danach begab ich mich zu meiner Zahnärztin. Die beiden Zahnwurzeln waren entzündet und mussten daher vor der ersten Zometa-Infusion entfernt werden. Sie schaute sich nochmal meinen Wunden mit den Fäden drin im Ober- und Unterkiefer an und meinte, dass es recht gut verheilt. Ich soll mal noch mit Chlorhexamed spülen in den nächsten Tagen. Am Dienstag in der nächsten Woche werden dann die Fäden gezogen. Ich wollte dann ganz gern noch eine Bescheinigung von ihr haben, dass am Freitag mit der ersten Gabe von Zometa begonnen werden kann. Sie gab mir solch eine Bescheinigung nicht mit.

Ich bin der Meinung, dass man die Erste Gabe von Zometa noch um ca. 1 bis 2 Wochen verschieben kann. Zumal mir erst mein Port vorgestern implantiert wurde und die Wunde noch sehr frisch ist. Daraufhin rief ich bei der Onkologie an und bat darum meinen Termin zu verschieben. Der Termin ließ sich erstaunlicherweise auf Freitag, den 20.06.2014 verschieben. Die Schwester sagte noch, dass meine Werte nicht so schlimm seien und mit der Zometagabe noch etwas gewartet werden kann.

18

. Zu Hause wieder angekommen frühstückte ich erstmal ordentlich. Anschließend nahm ich zum ersten Mal meine Tablette: Tamoxifen ein. Ich habe natürlich etwas Angst vor den Nebenwirkungen, aber ich weiß auch, dass es auf alle Fälle wichtig ist, dieses Antihormon regelmäßig zu nehmen. Denn ich möchte doch wieder gesund werden.

Um 12:30 Uhr holte mich dann das Taxi ab und fuhr mich zu den Ruppiner Kliniken Haus W. Der Taxifahrer war recht freundlich, so ca. in meinem Alter. Er erzählte auch, dass er einen Garten von seinen Eltern derzeit pflegt, da der Vater gerade in Sommerfeld an dem Knieen operiert wurde.

Um 13:00 Uhr wurde ich dann von sehr netten Schwestern hineingebeten. Vorher schaute sich noch eine Ärztin meine Wunde am Port an und wechselte das Pflaster. Sie war auch total nett und erklärte mir noch so einiges, was zu beachten ist. Dann ging ich mit einem großen Handtuch zur Bestrahlung. Ich legte mich auf den Rücken und musste meine Arme über den Kopf verschränken und strecken. Das fiel mir natürlich sehr schwer, weil mir die Wunde noch sehr wehtat. Schließlich muss ich mich ja erst noch an den Fremdkörper gewöhnen. Die Bestrahlung selbst dauerte nur so ca. 10 Minuten. Ich fand das eigentlich nicht schlimm.

Als ich wieder rausgekommen bin, habe ich Dana getroffen (meine Bettnachbarin im Krankenhaus). Wir haben uns beide umarmt. Ich habe da eine ganz liebe Freundin im Krankenhaus kennengelernt. Wir haben uns beide während unseres Aufenthaltes im Krankenhaus sehr unterstützt. Hätten wir uns beide gegenseitig nicht gehabt, dann hätten wir wahrscheinlich nichts zu lachen gehabt. Wir haben so einiges in der Woche, als wir dort waren, erlebt. Dazu später mal mehr. Wir müssen beide so einiges aufarbeiten, was uns dort widerfahren ist. Es war kein Zuckerlecken.

Danach holte mich der Chef des Taxiunternehmens persönlich wieder ab. Es war auch ein sehr netter junger Mann mit dem man sich auch ganz prima unterhalten konnte. Er hat das Unternehmen erst vor kurzem übernommen. Zuerst hat er sich nicht getraut, aber nun bereut er diesen Schritt nicht. Er sagte auch, dass die Brustkrebserkrankungen leider immer mehr zunehmen. Auch bei jüngeren Frauen. Er rät seiner Freundin (28 Jahre alt) auch immer regelmäßig zur Vorsorge zu gehen.

Um 14:30 Uhr war ich dann wieder zu Hause. Da habe ich mir dann gleich einen schönen Kaffee aufgesetzt und Haferflocken mit Pfirsichen und Milch gegessen und im Krebsbuch von der TKK gelesen. Um 15:30 Uhr kam Jenny nach Hause. Sie setzte sich zu mir in die Stube. Es war eine herrliche Stunde mit meiner Tochter. Dann legte sie sich auch noch mal hin. Sie war sehr müde von der Schule.

Am späten Nachmittag rief mich eine ehemalige Kollegin von mir an und erkundigte sich nach meinem Befinden. Sie erzählte auch, dass Sie im Augenblick ganz schönen Stress hat und unter Druck steht. Ihr Vater ist gerade wieder ins Krankenhaus gekommen. Nun hat Sie wieder die ganzen Rennereien mit den Krankenhausbesuchen.

Ich kenne dieses Gefühl der Überforderung. Ich hatte es auch schon sehr oft, Ich habe ein ganz schönes Päckchen zu tragen. Ich selbst habe auch eine Mutter und einen Vater, die beide an Demenz erkrankt sind. Außerdem betreue ich noch meinen schizophrenen Bruder. Es ist eine hohe Bürde und Last, die auf meinen Schultern liegt. Aber ich möchte meine Familie nicht im Stich lassen. Ich möchte es nicht fremden Menschen überlassen, meine Eltern und meinen Bruder zu betreuen.

Dann habe ich draußen etwas Hasenfutter gepflückt. Es war gerade herrlicher Sonnenschein.

Heute Abend habe ich Lasagne und Chili Con Carne gekocht. Das Kochen lenkt mich sehr von meinen Schmerzen ab.

Um 19:00 Uhr kam dann eine sehr gute Freundin von mir vorbei und erkundigte sich nach meinem Befinden. Wir verlebten eine herrliche Abendstunde auf der Terrasse zusammen mit meinem Partner.

Um 23:00 Uhr ca. bin ich dann schon auf der Couch eingeschlafen. Mein Partner brachte mir dann meine Zudecke und ich blieb dann gleich vorn auf der Couch liegen. Ich hatte noch große Schmerzen an der Stelle, wo der Port eingesetzt wurde.

Freitag, den 06.06.2014

Heute bin ich um 6:00 Uhr aufgestanden und habe meine Tochter geweckt. Sie ging in die Dusche und ich bereitete das Frühstück zu. Zwischendurch bereitete ich das Frühstück zu und packte ihre Taschen. Mein Partner war heute früh auch zu Hause und er brachte unsere Tochter zum Bahnhof, da er mich schonen wollte, weil mir mein linker Oberarm immer noch von dem Port weh tut.

Dann frühstückte ich noch ausgiebig mit meinem Partner. Es tut so gut morgens mit ihm zusammen zu sein. Da kommt man nicht so in das Grübeln

Um 10:15 Uhr holte mich dann das Taxi ab, um mich zu meiner 2.Bestrahlung zu fahren. Es hat alles prima geklappt. Heute habe ich 15 min auf der Bank gelegen, weil die Brust nochmal neu angezeichnet wurde. Die Schwestern waren wieder sehr freundlich und nett zu mir. Ich habe dann gleich auch noch 2 Termine zeitlich verschieben können. Als ich wieder fertig war, rief ich den Taxifahrer an. Er war schon 5 min später zur Stelle. Ich habe mich sehr gefreut, dass ich nicht so lange warten musste. Wir fuhren dann auch gleich nach Hause. Ich habe mich recht gut mit Ihm unterhalten.

Mittwoch, den 05.11.2014

Ich komme heute endlich mal wieder dazu ein paar Notizen zu machen. Es ist schon ein halbes Jahr vergangen seit meiner OP. Ich hatte mir damals vorgenommen ein Tagebuch in dieser schweren Zeit zu führen. Leider ist aus den guten Vorsätzen nicht allzu viel geworden. Ich war durch meine Therapie zeitlich ganz schön ausgelastet. Eine chronische Erschöpfung: **Fatigue** trat bei mir auch ein.

https://de.wikipedia.org/wiki/Fatigue

Nun kann ich sagen, dass ich das letzte halbe Jahr gut überstanden habe. Mir geht es den Umständen entsprechend gut. Seit meiner Diagnose Brustkrebs mit Metastasen an den Knochen bin ich seelisch sehr gereift. Ich kann mich nunmehr sehr über die kleinen Dinge im Leben freuen. Ich freue mich über jeden Tag den ich ohne Schmerzen Leben kann. Die erste Zeit hatte ich an dieser Diagnose ganz schön zu kauen. Es gab sehr viele Tränen. Ich habe auch schon die Anschluss Heilbehandlung in Boltenhagen hinter mich gebracht. Diese Anschluss Heilbehandlung, auch AHB genannt, hat mir sehr gutgetan. Ich bin dort mit gleichgesinnten Frauen zusammengekommen. Ich habe dort gelernt mich ab nun gesunder zu ernähren und auch mehr Bewegung in mein Leben einzubauen. Auch ausreichend Schlaf gönn ich mir jetzt. Ich tue nur noch die Dinge, die mir wirklich Freude machen. Die Ärzte haben mir angeraten die Rente zu beantragen. Ich habe mich schwer getan mit dem Gedanken mit fast 51 Jahren schon in Rente zu gehen. Zumal ich im Frühjahr gerade eine neue schöne Arbeit angetreten habe. Ich wollte wieder in meinem ehemals erlernten Beruf als Technische Zeichnerin arbeiten. Ich hatte mich zuvor mit einem Lehrgang **Auto CAD 3D** und Architektur weitergebildet und mich nun riesig über meine neue Arbeitsstelle gefreut.

Bei einer Routineuntersuchung wurde dann leider mein Brustkrebs entdeckt. Die rechte Brust wölbte sich so sehr nach innen an einer Stelle. Meine Frauenärztin ist darauf aufmerksam geworden, als ich aus der Umkleidekabine herauskam. Sie machten dann sofort einen Ultraschall von der rechten Brust. Schon mit den bloßen Augen war auf diesem Bild ein Tumor zu erkennen. Sie sagte mir dann gleich ins Gesicht, dass es sich wahrscheinlich um Brustkrebs handelt. Sie wollte mich dann gleich am Abend, bzw. am nächsten Tag zur Mammografie und auch zur Stanzbiopsie schicken. Ich sagte ihr, dass ich am morgigen Tag keine Zeit habe, da ich meine Prüfung für das Auto CAD ablegen wollte. Sie sagte mir, dass die Untersuchung nicht warten kann und machte mir den Ernst der Lage klar. Ich war total geschockt und konnte es einfach nicht glauben. Von einem Moment auf den Anderen bekommt man so eine Schockdiagnose an den Kopf geknallt. Sie rief dann gleich noch in der Röntgenabteilung an und ich sollte dann am nächsten

Morgen die Mammografie über mich ergehen lassen. Ich stand völlig perplex da und konnte das alles einfach nicht fassen. Ich war völlig überfordert und fing an zu weinen. Ich schleppte mich dann zum Auto. Als ich dann im Auto saß, rief ich zuerst mal meine Freundin an, um ihr mitzuteilen, was ich soeben erfahren hatte. Ich fragte sie ob sie zu Hause ist und ich einen Moment vorbeikommen kann. Ich weinte so bitterlich und fuhr unter Tränen zu ihr nach Hause. Auch meine Freundin war total schockiert, was ich ihr da sagte. Bei meiner Freundin wurde im Januar leider auch Brustkrebs gefunden. Ihre Diagnose hatte mich auch so sehr mitgenommen. Man steht völlig hilflos da und findet keine Worte und man kann auch nicht helfen. Und trotz alledem tat es mir gut mit meiner Freundin und ihrem Mann über Alles zu reden.

Ich wollte meinen Partner nicht im Auto anrufen, zumal er gerade auf der Rücktour von seiner Arbeit unterwegs war. Meine Tochter war auch noch nicht zu Hause. So weinte ich mich erst mal so richtig aus. Als ich dann nach Hause kam, waren meine Tochter und mein Partner dann schon zu Hause. Ich konnte kaum sprechen und teilte Ihnen unter Tränen meine schwere Brustkrebs-Diagnose mit.

Mein Partner, meine Tochter und ich weinten dann noch gemeinsam über das schwere Los. Es war alles so schwer zu ertragen. Ich weiß garnichtmehr wann ich an diesen Abend schlafen gegangen bin und überhaupt schlafen konnte.

Am nächsten Tag stand ich dann zeitig auf, um noch vor meiner Prüfung bei der Mammografie ran zu kommen.

Ich traf in der Anmeldung eine Mutter von einer Klassenkameradin von meiner Tochter. Sie umarmte mich gleich, wie sie mich sah. Da fing ich natürlich auch wieder an zu weinen. Nun ließ ich die Mammografie über mich ergehen. Es tat mir höllisch weh. Ich ließ meinen Tränen einen freien Lauf.

Es waren in der rechten Brust nicht nur ein Tumor, sondern gleich 3 Tumore zu sehen. Ich sollte daher am Nachmittag gleich zur Stanzbiopsie in das Brustkrebszentrum Neuruppin. Die Mammografie war total unangenehm ich hielt es kaum aus. Die Schmerzen in meiner rechten Brust waren unerträglich.

Anschließend fuhr ich dann in mein Schulungszentrum WBS um meine Prüfung für das Auto CAD 3 D Lehrgang abzulegen. Ich meisterte meine Prüfung trotz der schweren Gedanken prima.

Ich verabschiedete mich dann noch im Chat von den anderen Schulungsteilnehmern und wünschte ihnen für die Zukunft alles Gute.

Die Anteilnahme war ziemlich groß, als die anderen davon erfuhren, was mir wiederfahren ist. Mit einigen Frauen schreibe ich mich heute noch per Mail.

www.andrea-v.de

Hier schreibe ich mal einige Ausschnitte aus den Emails heraus. Diese Emails machten mir sehr viel Mut und gaben mir die Kraft durchzuhalten egal was auch kommen mag.

Liebe Frau Voss,

nach der 3.Bausteinprüfung gestern war ich noch so erschöpft, dass ich gar nicht auf Ihre Mitteilung im Chat reagieren konnte.

Ich könnte mir vorstellen, dass auch sie sich zurzeit noch in einer Art Schockzustand befinden.

So eine Diagnose muss man erst einmal verkraften.

Ich habe vor 20 Jahren die Diagnose Morbus Crohn bekommen, was auch ein Schock für mich war.

Mittlerweile komme ich 'mal mehr und 'mal weniger gut damit klar.

Sehr wichtig sind kompetente Ärzte und eine fachgerechte Behandlung.

Ich hoffe, Sie sind in guten Händen und werden jetzt medizinisch optimal betreut.

Außerdem wünsche ich Ihnen, dass Sie liebe Menschen an Ihrer Seite haben, die Ihnen helfen und zuhören. Für die Zukunft wünsche ich Ihnen ganz viel Kraft und gute Besserung.

Viele Grüße aus Wuppertal von B.H.

Liebe Frau Voß,

vielen Dank für Ihre ausführliche Nachricht.

Ich drücke Ihnen ganz fest die Daumen, was die Ergebnisse Ihrer Untersuchung angeht.

Mich wundert schon, dass man sich damit eine ganze Woche Zeit lässt.

Die Möglichkeit, dass die Tumore gutartig sind, besteht ja immerhin noch.

Ich freue mich wieder von Ihnen zu hören.

Lassen Sie sich so lange von Ihren Lieben ein wenig verwöhnen.

Viele Grüße aus dem regnerischen Wuppertal von B.H.

Liebe Frau H.,

vielen Dank für Ihre lieben Zeilen und Ihre Genesungswünsche. Ich habe mich sehr gefreut von Ihnen zu hören.

Ja es stimmt, Ich befinde mich derzeit wirklich in einer Art von Schockzustand. Ich habe die Diagnose am Donnerstag nach unserer Vorprüfung erhalten.

Bei einer Routineuntersuchung mit Ultraschall und Brust abtasten, äußerte meine Frauenärztin den Verdacht auf einen Tumor in der Brust.

www.andrea-v.de

Ich sollte dann abends gleich noch zur Mammografie. Am nächsten Morgen begab ich mich dann gleich zur Untersuchung.

Ich habe die ganze Nacht davor kaum geschlafen.

Die Röntgenärztin sagte mir, dass ich mich im Anschluss an dieser Untersuchung gleich in das Brustkrebszentrum begeben sollte. Ich sagte Ihr dann aber, dass ich meine Prüfung zuerst noch ablegen wollte.

Diese Prüfung habe ich dann auch unter sehr großer Anspannung geschrieben. Obwohl ich ja kein Anfänger von Auto CAD 3 D war, ist mir diese Prüfung auch ziemlich schwergefallen. Ich habe in der Hinsicht aber trotzdem die Hoffnung, diese Prüfung gut gemeistert zu haben. Die Zeit für diese Prüfung war auch wieder ganz schön knapp.

Am Nachmittag bin ich dann gleich zum Brustkrebszentrum gefahren. Der Arzt hat dann gleich 6 Proben mit einer Stanze genommen, was recht unangenehm war und mich gleich noch mehr geschockt hat, als er sagte das in der Brust gleich 3 Tumore zu finden sind. Ich kann es einfach nicht fassen. Er sagte mir gleich geradezu, dass es dazu kommen kann, dass mir die rechte Brust abgenommen werden könnte oder auch das man die Behandlung mit einer Chemotherapie beginnt. Mir wurde gleich richtig schwindlig bei dem Gedanken. Ich konnte es kaum glauben, was der Arzt mir sagte. Es machte sich bei mir ein Ohnmachtsgefühl breit. Es lief alles wie im Film ab. Ich konnte von einem Augenblick auf den anderen nicht mehr klar denken. Eine Woche später sollte ich das Ergebnis erfahren.

Bis vor kurzem dachte ich noch, dass es jetzt wieder bergauf für mich geht. Ich habe doch einen Arbeitsvertrag zum 2.Mai 2014 bei einem neuen Arbeitgeber unterschrieben und weiß nun wirklich nicht, ob ich die neue Arbeit überhaupt noch antreten kann. Ich mache mir große Sorgen, wie es jetzt beruflich für mich weiter gehen soll. Ich habe mich so sehr auf meine neue Arbeitsstelle gefreut. Ich habe mich dort von Anfang an wohl gefühlt. Natürlich weiß ich auch, dass jetzt die Gesundheit vorgeht. Ich kann kaum einen klaren Gedanken fassen. Diese Ungewissheit wie es nun weiter gehen soll.

Am Freitag in der nächsten Woche bekomme ich dann die Ergebnisse von meiner Probe. Ich habe große Angst davor. Ich habe noch ein klein wenig die Hoffnung nicht verloren, dass sich die Proben als gutartig herausstellen.

Jetzt heißt es erst einmal abwarten und Tee trinken.

Schön, dass ich einen lieben Partner und eine 17.-Jährige Tochter habe, die voll zu mir halten. Trotzdem mache ich mir sehr große Sorgen um die Beiden, wenn wirklich der Ernstfall eintritt, wie es alles weiter gehen soll. Ich war vor kurzem erst auf einer Beerdigung von einer sehr lieben 48jährigen Freundin, was mich mental auch sehr verwundet hat. Mir haben die Tochter und auch der hinterbliebene Ehemann so leidgetan.

Ansonsten habe ich noch eine Freundin, die vor einem 1/2 Jahr genau dasselbe durchgemacht hat, wie ich jetzt.

Ich möchte mich noch einmal ganz herzlich für Ihre lieben Grüße bedanken und wünsche Ihnen und auch Ihrer Familie alles Gute weiterhin.

Ich würde mich sehr freuen, nochmal von Ihnen zu hören. Es hat mir sehr gutgetan, dass Sie mir geschrieben haben und auch Ihr Schicksal mitgeteilt haben.

Ich habe dabei festgestellt, dass man vieles beim Schreiben manchmal besser verarbeiten kann, als beim Sprechen.

Ich melde mich in der nächsten Woche nochmal bei Ihnen, um Ihnen die Ergebnisse mitzuteilen.

Viele liebe Grüße aus dem sonnigen Wustrau sendet Ihnen Ihre Andrea Voß

Liebe Frau Voss,

die Nachricht hat mich berührt und ich wünsche Ihnen alles Gute. Ich hatte gerade in meiner letzten Arbeit mit einigen Frauen zu tun, die die gleiche Nachricht erhalten haben. Es haben alle gut überstanden auch wenn der Weg nicht leicht ist.

Der Mensch ist in gewissen Situationen stärker als er denkt.

Ich denke jeden Tag im Kurs an Sie auch wenn wir uns nie gesehen haben, aber Ihr Name fehlt.

Herzliche Grüße G.Th.

Übrigens kann ich Ihnen hier direkt am See Kanal gegenüber den Kreuzfahrtschiffen auch Ferien-wohnungen vermitteln. Ein Strandspaziergang macht den Kopf frei.

Auch während meines Krankenhausaufenthaltes habe ich von guten Freundinnen, der Familie sehr viel Zuwendung und Grüße erhalten. Eine Cousine schickte mir einen richtig schönen Blumenstrauß mit der Botschaft:

Du schaffst es! Alles Liebe, Deine Cousine Erdmute

Ich habe mich so sehr über die lieben Botschaften gefreut, die ich in dieser schweren Zeit von anderen Menschen erfahren habe.

Seit meiner Brustkrebserkrankung ist mir sehr bewusst, dass wir meist in dem Glauben, noch ewig lange Zeit zu haben oft nicht im Augenblick – sondern mit dem Warten auf die großen, besonderen Dinge der Zukunft – leben. Und so die kleinen glücklichen Dinge in unserem Alltag verpassen, die eigentlich unser Leben ausmachen und wir umso mehr wertschätzen sollten; man weiß nie, wie viele davon noch kommen werden. Zu schade, um sie zu verpassen, weil wir uns mit den Wünschen für die Zukunft beschäftigen und damit die Augen für die kleinen Momente verschließen. Ich habe nun die kleinen Dinge und Überraschungen eines jeden Tages zu schätzen und zu lieben gelernt.

Bäume sind Gedichte, die die Erde in den Himmel schreibt.

29.11.2014

Heute bin ich kurz vorm Wecker klingeln wach geworden. Ich habe in dieser Nacht recht gut geschlafen. Mir ging es eine Woche lang überhaupt nicht so gut, da ich mir einen leichten Infekt eingefangen habe. In der vergangenen Woche musste ich Alles deshalb etwas ruhiger angehen. Ich habe mir wieder mehr Zeit zum Ausruhen gegönnt. Ich fühle mich immer noch ganz schön schwach.

Wir waren heute zu einem 50.Geburtstagsbrunch von einer sehr guten Freundin in ein Kaffee am Neuruppiner See eingeladen worden. Ich freute mich so sehr, als ich meine Freundinnen aus der Lehre wiedergesehen habe. Wir verlebten ein paar herrliche Stunden mit netten Gesprächen und auch leckeren Essen miteinander. Wir unterhielten uns über sehr viele Dinge aus der Lehre, aus dem Berufsleben, aus dem Leben, Familie, Liebe, Glück man kann sagen es waren ein paar herrliche unbeschwerte Stunden.

Am Silvesterabend treffen wir uns alle wieder auch zu einem 50.Geburtstag. Es wird ein Doppelgeburtstag von einer lieben Freundin mit Ihrem Zwillingsbruder. Ich freue mich schon sehr darauf.

Montag, den 1.Dezember 2014

Heute bin ich um 6:00 Uhr aufgestanden und habe dann meine Tochter und ihren Freund geweckt. Ich bereitete ihnen das Frühstück. Es ist so schön morgens mit meiner Tochter und ihren Freund am Tisch zu sitzen und noch etwas zu erzählen. Als die beiden weg waren, ging ich für 1 Stunde durch den Wald walken.

Ich treffe mich immer mit einer Freundin zum Laufen. Das tut mir immer so richtig gut sich zu bewegen,

Um 11:30 Uhr bekomme ich heute wieder die Zometa - Infusion verabreicht.

Leider bin ich schon etwas aufgeregt, ob ich das Mittel wieder so einigermaßen vertrage. Anschließend soll ich noch zum Arztgespräch mit dem Oberarzt.

Dienstag, den 2.Dezember 2014

Heute früh bin ich wieder für ca. 1 h mit einer guten Freundin durch den Wald gewalkt. Es kostet zwar immer Überwindung so zeitig zu walken. Aber es tut mir sehr gut. Ich komme dadurch viel besser in die Gänge. Auch meine Gedanken können frei fließen. Die Gedanken sind frei.

Ich bin gestern nach meinem Arztbesuch etwas KO gewesen und habe daher keinen Eintrag mehr vorgenommen. Gestern habe ich mit meinem Oberarzt des Brustkrebszentrums gesprochen. Er meinte, dass ich sehr gut aussehe. Meine Frage, ob ich das Medikament Zometa noch lange nehmen muss, beantwortete er mir, dass ich das Medikament bis an mein Lebensende alle 4 Wochen bekommen soll. Er sagte mir, dass ich mit diesem Medikament noch sehr alt werden kann. Allerdings kann es bei einer Dauermedikation zu Knochennekrosen bzw. Kiefernekrosen bzw. Nierenschäden kommen. Das fand ich dann überhaupt nicht gut, so etwas von Ihm zu hören.

Im Mai soll ich mich dann wieder bei Ihm vorstellen. Im Januar muss ich wieder zur Mammografie. Bei meiner Frauenärztin bin ich auch noch zur Sprechstunde gewesen. Sie war recht zufrieden mit meiner Heilung. Die eine Narbe unter dem Arm ist etwas gerötet. Aber das ist wohl nicht weiter tragisch.

Heute Vormittag bin ich dann wieder zu Sport bei Krebs in die Geriatrie Neuruppin gefahren. Ich mache dort immer für ca. 1 h Übungen an Geräten. Das tut mir immer sehr gut. Man ist so schön von den alltäglichen Sorgen abgelenkt und meinem Körper tut es auch gut. Ich treffe mich dort immer mit einer guten Freundin zum Mittagessen. Man kann sich dabei immer so schön mit ihr austauschen, da sie auch unter Brustkrebs leidet.

www.andrea-v.de

Sonnabend, Nikolaus den 6.Dezember 2014

Heute haben wir nun den Nikolaus. Gestern habe ich einen Apfelblechhefekuchen zusammen mit meiner Tochter gebacken. Meine Tochter und ihr Freund wollen heute bei einem Kuchenbasar für ihre ABI-Feier teilnehmen. Es hat mir mal wieder Spaß gemacht einen Kuchen zu backen. Leider ist der Hefeteig nicht besonders hoch geworden. Irgendetwas muss ich verkehrt gemacht haben. Beim nächsten Mal gelingt es bestimmt besser. Es tut so gut, wenn man selber etwas hergestellt hat.

Ich habe sehr viele Nikolausgrüße von lieben Freundinnen erhalten, über die ich mich sehr gefreut habe.

Auch mit einer guten Freundin von meiner AHB hatte ich heute schon Kontakt. Ich berichtete ihr, dass ich eine mtl. Infusion bekomme in einen Port. Das Medikament heißt Zometa. Bisher vertrage ich es sehr gut. Ich hoffe doch, dass es so bleibt. Ich bin manchmal total traurig. Der Oberarzt hat mir aber gesagt, dass ich mit dieser Krankheit uralt werden kann. Ich glaube fest daran und lebe jetzt, mein Leben. Ich genieße jeden Tag und mach einfach das, was ich will.

Ich finde es so toll, dass es Menschen, Freundinnen an meiner Seite sind, die dieselbe Einstellung zum Leben haben, wie ich. Ich habe jetzt viel mehr Zeit für die Dinge die mir Spaß machen. Ich habe auch eine sehr liebe Freundin und eine kleine Familie die zu mir halten. Ich habe nun viel mehr die kleinen Dinge zu schätzen gelernt.

36

Jeder Tag zählt.

Antwort von der Freundin: Ich weiß liebe Andrea, unsere Situation verändert alles im Leben! Es hat schlechtes, aber auch gutes und ich denke, dass man jetzt einfach viel intensiver lebt als früher! Und das ist auch gut so und dass man ganz andere Dinge zu schätzen weiß.

Meine Antwort: Liebe P...., ja ich finde auch, dass man jetzt viel intensiver lebt. Ich versuche mich jetzt auch viel gesünder zu ernähren und auch viel mehr zu bewegen. Auch ich versuche jetzt mehr meinen Hobbys wie Lesen und neuerdings auch das Fotografieren nachzugehen, weil es mir große Freude bereitet.

Sonntag, den 2.Advent 7.Dezember 2014

Heute ist schon der 2.Advent. Ich freue mich schon sehr auf heute Nachmittag. Da gehe ich mit 2 Freundinnen in unsere Kirche zu einem vorweihnachtlichen Advents-Singen. mit den Luchperlen. Ich werde zwar beim Singen immer so traurig. Aber trotzdem gehe ich in diesem Jahr dorthin. Es ist eine nette Ablenkung und man kommt mal mit den Leuten aus meinem Heimatort Wustrau zusammen. Anschließend gibt es noch Kaffee und Kuchen im Pfarrhaus.

Morgen bin ich auch wieder im Seniorenwohnpark zum Adventskonzert eingeladen. Ich will dann gleich meine Eltern besuchen. Meine Eltern leben leider in einem Seniorenwohnpark und sind auf Pflege angewiesen. Es fällt mir nicht leicht darüber zu schreiben. Beide Eltern sind dement. Ich bin sehr traurig darüber. Gerade in der Vorweihnachtszeit ist es mir immer sehr schwer zumute. Es ist so schade, dass keine Besserung in Sicht ist.

Meine Eltern fehlen mir und meinem Partner sehr und natürlich auch unserer Tochter. Ich betreue außerdem noch meinen Bruder. Manchmal muss ich schon sagen, dass ich zu viele Baustellen habe. Es belastet mich sehr und gerade in der Vorweihnachtszeit macht mich das alles sehr traurig. Meinen Bruder werde ich in der Vorweihnachtszeit auch noch besuchen. Er lebt beim betreuten Wohnen.

Montag, den 8.Dezember 2014

Heute früh bin ich schon eine Stunde mit einer Freundin Walken gewesen. Das hat mir ziemlich gutgetan. Ich habe in der letzten Nacht nämlich nicht sehr gut geschlafen. Ich ruhe mich heute Vormittag daher etwas aus. Ich will heute Abend noch zum Dankeschön Konzert in den Senioren-Wohnpark. Der Senioren-Wohnpark veranstaltet dazu ein Konzert mit dem Kammerchor Chorisma. Der SWP möchte uns damit mit einem Konzert für die täglichen Sorgen und Mühen um das Wohlergehen der Bewohnerinnen und Bewohner und für die gute Zusammenarbeit danken. Vorher werde ich mit meinen Eltern noch etwas Pfefferkuchen essen.

Blogkommentare, am 15.01.2015

Seit dem vergangenen Jahr habe ich angefangen einen Blog zu schreiben. Es war eine ganz neue Herausforderung für mich. Ich merke sehr, wie mir das Aufschreiben meiner Gedanken und Gefühle in eine Art von Tagebuch, mir dabei hilft mit meiner Krankheit umzugehen.

Ich habe dabei schon sehr viele liebe Menschen kennengelernt, die ein ähnliches Schicksal wie ich erleiden. Ich komme mir dadurch nicht so alleine vor.

Hier schreibe ich mal ein paar Blogkommentare für Euch auf.

Aus dem Blog von Helga Nase: Ich mit Brustkrebs Blog von Helga Nase.: Ich weiß, hier ist es in letzter Zeit still. Ich bin in mich selbst verworren. Seit ich von der Kur zurückgekehrt bin, kämpfe ich um, aber auch mit meinem Alltag. Mein altes Leben. Will ich es zurück?

Oder will ich lieber in einem Zimmer sitzen, 80er Pop hören, die Zeit alleine verbringen, ohne Müssen, ohne Zwang. Tage, an denen man außer bei den Behandlungen und beim Essen keinen Menschen trifft.

. Ich will alleine sein. Ich will woanders sein. Verpflanzt fühl ich mich, so als würde ich nicht hierher gehören. Keine Routine mehr.

. Auch zu Hause. Das ist meine Waschmaschine? Ich bin für die Wäsche zuständig? Wie funktioniert das Ding schnell nochmal? An welchen Tagen wasche ich normalerweise?

So sagte ich zu meiner Psychologin in der Kur: "Ich habe nicht das Gefühl, dass der Krebs meine größte Baustelle ist, das ist eher ein Nebenschauplatz." Daraufhin sie:

"Der Krebs bewirkt, dass Sie jetzt in Ihrem Leben das ändern, was sie belastet."

Ich habe die letzten Tage intensiv nachgedacht, viele Gedanken gewälzt. Es wird sich etwas ändern.

Ein Plan entsteht. Drückt mir die Daumen, dass er umsetzbar ist. Dass ich mich nicht wieder im Alltag, im Strudel verliere.

Meine Gedanken zum Blog Post von Helga Nase:

Liebe Helga, du sprichst mir aus dem Herzen. Ich hatte nach meiner AHB auch das Gefühl, dass ich leider noch nicht zu Hause angekommen war. Ich hatte zu Hause kaum Zeit mich zu besinnen, da unser Familienurlaub anstand. Ich hatte mich zwar sehr auf den Urlaub gefreut, stand dadurch aber gleich wieder unter Druck. Der Urlaub in der Türkei hat mir dafür sehr gutgetan. Aber als wir dann wieder zu Hause waren, holte mich der Alltag ziemlich schnell wieder ein. Ich brauche auch regelmäßig mal eine Auszeit um mit mir alleine zu sein. Ich gehe viel durch den Wald spazieren und mache in einer Sportgruppe mit. Da komme ich auf andere Gedanken.

Ich wünsche Dir ganz viel Kraft und Glück weiterhin. Liebe Grüße von Andrea

Antwort von Helga Nase:

Danke an Euch alle für die Worte!

Sofort nach Runterschreiben des Posts war mir leichter und die ersten Schritte um eine Änderung hervorzuführen sind schon getan.

www.andrea-v.de

Ausschnitt aus Brustkrebs.blog.de:

5km in unter 30 Minuten...genau das wollte ich heute früh schaffen und habe es geschafft!

Es war nicht einfach und es wäre auch nicht ein Meter mehr gegangen, aber ich bin megastolz auf mich. Noch vor einem Jahr war ich kurz vor meiner letzten Chemo und konnte nicht einmal daran denken 100m am Stück zu laufen. Und nun sind es schon wieder 5km...und dass in einer akzeptablen Zeit.

Hallo Melanie,

das finde ich ganz Klasse, dass du so fit geworden bist. Ich bewundere dich dafür. Auch ich versuche seit meiner Brustkrebsdiagnose mit Metastasen an den Knochen mein Leben neu zu ordnen. Ich bewege mich jetzt auch viel mehr an der frischen Luft, ernähre mich gesünder und schlafe auch ausreichend. Vor meiner Erkrankung habe ich immer auf der Überholspur gelebt. Ich versuche meine Gedanken und Gefühle nun auch in einen Blog zu verarbeiten. Den Blog findest du unter meinlebenmitbrustkrebs.blogspot.de und neuerdings auch unter: andrea-v.de

Viele Grüße von Andrea

Das nachfolgende Gedicht habe ich im Internet gefunden. Es hat mich sehr berührt.

Ausschnitt aus Netzfrauen:

Wenn ich eines Tages alt sein werde...

Wenn ich beim Essen kleckern sollte und ich nicht in der Lage sein sollte, mich selbst anzuziehen...

Hab Geduld, erinnere dich an die Zeit, die ich damit verbrachte, es dir beizubringen.

Wenn ich mitreden und vieles wiederholen sollte, dann unterbrich mich nicht. Hör mir zu.

Als du klein warst, musste ich dir jeden Abend immer wieder dieselbe Geschichte erzählen, damit du einschliefst.

Sollte ich mich nicht waschen wollen, rüge mich nicht und lass mich dafür nicht schämen.

Erinnere dich daran, wie oft ich dir nachlaufen musste und mir viele Ausreden einfallen lassen musste, weil du nicht baden wolltest.

Solltest du sehen, dass ich mich mit der neuen Technik gar nicht auskenne, gib mir genügend Zeit und schau mich nicht mit diesem ironischen Lächeln an. Ich musste meine ganze Geduld aufbringen, um dir das ABC beizubringen.

Sollte ich plötzlich Sachen vergessen oder Mitten in einer Unterhaltung den Faden verlieren, gib mir

42

genügend Zeit, um mich wieder daran zu erinnern und sollte es mir nicht gelingen, reg dich nicht auf. Denn das Wichtigste ist nicht, was ich sage, sondern dass ich deine Nähe brauche und dass du da bist, um mir zuzuhören.

Sollten meine müden Beine es nicht schaffen Schritt zu halten, behandele mich nicht als Last. Komm mir entgegen mit deinen starken Händen, so wie ich es tat, als du deine ersten Schritte gemacht hast.

Sollte ich mal sagen sollen, ich wollte sterben, sei nicht böse. Eines Tages wirst du verstehen, was mich dazu bewegte. Versuche zu verstehen, dass man in meinem Alter nicht lebt, sondern eher überlebt.

Eines Tages wird dir klar sein, dass, obwohl ich viele Fehler gemacht habe, ich immer das Beste für dich gewollt habe und versucht habe, dir den Weg zu ebnen.

Gib mir ein wenig von deiner Zeit, ein wenig deiner Geduld, gib mir eine Schulter, an die ich den Kopf lehnen kann in der gleichen Weise wie ich es für dich gemacht habe.

Hilf mir, den Weg zu beschreiten, hilf mir meine letzten Tage mit Liebe und Geduld zu verbringen. Im Gegenzug werde ich dir mein Lächeln sowie meine unendliche Liebe, die ich immer für dich empfunden habe, schenken.

Verfasser unbekannt

Mein Kommentar:

Hallo   liebe   Netzfrauen,
Ich finde diesen Text ganz besonders. Als ich ihn
gelesen habe, kamen mir gleich die Tränen. Ich musste
sofort an meine Mutti und meinen Vati und auch meine
verstorbene   Schwiegermutter   denken.
Meine Eltern sind beide an Demenz erkrankt. Ich habe
eine schöne Kindheit und eine schöne Zeit mit meinen
Eltern verlebt. Ich bin ganz traurig, dass beide an
Demenz erkrankt sind. Sie leben beide in einem Heim.
Leider kann ich mich mit meinen Eltern nicht mehr so
unterhalten. Aber dieses Gedicht lädt mich zum
Nachdenken   ein.
Seit ich im letzten Jahr an Brustkrebs erkrankt bin,
verarbeite ich meine Gefühle und Gedanken in einem
Blog.

meinlebenmitbrustkrebs.blogspot.com.

andrea-v.de

Vielen Dank für diese tollen Worte. Weiter so. Viele
Grüße von Andrea aus Wustrau

Sehr schöne Worte die eine Mutter Ihren Kindern
hinterlassen kann.

Hanna G. kommentierte unter Narbenherz. Quote#
Narbenherz Quote#24

als Antwort auf meinlebenmitbrustkrebs.com

Liebe Jessica, ich habe Dein Buch angefangen zu lesen. Es gefällt mir ganz prima. Ich bewundere Dich für Deinen Mut, die Reise Deines Lebens anzutreten. Meine Gedanken zum Buch Narbenherz von Jessica Wagener.: Ich finde es ganz prima, dass Jessica in die Welt hinauszog, um die Welt zu sehen und den Krebs zu vergessen.

Kommentar von Hanna G.: Ich habe es fast auch wie Jessica gemacht:-D nur andersrum;-) Wollte erst mal Reisen...dann die Diagnose. .Aus dem Urlaub auf den OP Tisch.. Ich habe viele Erinnerungen aus dem Urlaub mitgebracht und kann jetzt darüberschreiben.. Übrigens möchte mir jetzt meine Wünsche erfüllen. Ob ich noch Reisen werde? das ist noch alles zu frisch...

Ich versuche mit Modeln&Tanzen um mich abzulenken...:-D:-D

Tanz-gegen-krebs

Quelle aus meinem Blog: http://meinlebenmitbrustkrebs.blogspot.com/2015/01/bl ogkommentare.html

Donnerstag, den 05.02.2015, Winter in Wustrau

Gestern Nachmittag bin ich noch mit einer Freundin und ihrem Hund spazieren gewesen. Es war total winterlich. Es machte richtig Spaß den Kindern im Schnee zuzusehen. Die Kinder sind noch so frei und unbefangen. Sie machten eine Schneeballschlacht. Es war herrlich, das mit anzusehen. Ich erinnerte mich auch an meine Kindheit, die ich im Winter auch immer gern mit Rodeln, Schneemann bauen und Schneeballschlachten verbracht habe. Ich glaube ich bin damals so richtig glücklich gewesen. Wir waren immer viel an der frischen Luft. Auch als unsere Tochter noch kleiner war, sind wir gern und viel an der frischen Luft gewesen und haben Schneemänner gebaut und Schneeballschlachten gemacht.
Ach wie schön war diese Zeit, so schön unbeschwert und frei.

Nun noch ein Auszug aus einem Brief, den ich an eine liebe Freundin per Email versendet habe:

Liebe Claudia, ich finde es ganz prima, dass Du dich mit dem ganzen Thema auseinandersetzt und den anderen helfen kannst. Ich finde es auch richtig gut, dass Du eine Ausbildung als Psychoonkologin gemacht hast. Auch ich habe eine Menge in meinem Leben neu auf den Kopf gestellt. Ich hatte gerade im letzten Jahr eine neue Arbeit in einem Ingenieurbüro als Technische Zeichnerin und Teamassistentin begonnen und hatte mich dort richtig wohl gefühlt. Leider hatte ich mich da zu früh gefreut, ich dachte ich wäre endlich angekommen. Und da hat mich leider meine Krankheit   eiskalt erwischt. Da ich noch in der Probezeit war, wurde ich natürlich gekündigt. Ich war darüber auch zutiefst traurig, wobei ich die AG auch verstanden habe, da er dringend Jemanden braucht, der nicht durch Krankheit so lange verhindert ist. Es war ein tiefer Einschnitt in meinem Leben. Der nächste Schock kam, als mir der Oberarzt bei meiner AHB eröffnete, dass ich nie wieder mehr als 3 Stunden arbeiten gehen könnte und ich chronisch krank sei. Arbeit war immer sehr wichtig in meinem Leben.

Aber nun hat man mich auf Erwerbsminderungsrente gesetzt. Zuerst konnte ich mich gar nicht damit abfinden, zumal es finanziell doch ein ganz schöner Einschnitt ist. Aber jetzt genieße ich es langsam, ich habe dadurch viel mehr Zeit für die wirklich wichtigen schönen Dinge im Leben. Meine Arbeit steht jetzt nicht mehr an erster Stelle. Ich werde mir als Ausgleich vielleicht noch eine kleine Beschäftigung in meinem Ort suchen, die mir Freude bereitet und wenn es ehrenamtlich ist. Ich wünsche Dir noch einen schönen Tag.

Viele Grüße von Andrea aus weiter Ferne

Wärmende Sonnenstrahlen

Freundschaft

Gestern am 24.März habe ich wieder eine kleine Überraschung von einer sehr guten Freundin erhalten. Meine Freundin hatte mir zu meinem Geburtstag am 24.Dezember 2014 zwölf verschiedene Päckchen für mein 51.Lebensjahr geschenkt. Die Päckchen soll ich jeweils am 24. des Monats öffnen. Gestern war es nun wieder so weit. Ich bin jedes Mal gespannt, was sich dieses Mal in den Päckchen verbirgt. Ich habe mich total gefreut, was ich dieses Mal erhalten habe: Es gab eine liebe Botschaft auf der folgendes stand:

Liebe Andrea! Ich möchte gern mit Dir ein Bäumchen, eine Rose oder irgendeine andere Pflanze einpflanzen. Sie soll genauso weiter gedeihen und wachsen wie unsere Freundschaft! Deshalb möchte ich mit Dir am Freitag diese Pflanze aussuchen und einpflanzen. Deine Jacki

Ich finde, dass Ihr diese Überraschung wirklich gelungen ist. Ich werde mit Ihr einen Birnen -oder Apfelbaum pflanzen. So ein Bäumchen ist was Bleibendes für die Ewigkeit, auch wenn einer von uns Beiden nicht mehr da sein sollte.

Kommentare dazu von Fisch und Fleisch:

Andrea1980 Mittwoch, 25 März 2015

Wow...ist das eine schöne Idee von deiner Freundin!

...das rührt mich gerade sehr...

Liebe Andrea, ja Du hast Recht, ich habe da eine ganz liebe Freundin, mit der ich zusammen

lachen und weinen kann. Das tut so gut´.

fischundfleisch Mittwoch, 25 März 2015

eine sehr schöne Idee!

Leopold Mittwoch, 25 März 2015

Super liebe Andrea

Ich freue mich mit dir, dass du so eine wunderbare

und liebe Freundin hast.

Nicht nur die Sonne brauchen wir, auch Menschen um uns herum, die unsere Freunde sind, und uns so nehmen, wie wir eben sind. Gutes Gelingen beim Bäumchen pflanzen....

Meine Antwort an Leopold: Lieber Leopold, ja es ist total schön, dass ich eine so liebe Freundin habe.

Du hast so recht damit, dass wir nicht nur die Sonne brauchen, sondern dass wir liebe und nette Freunde und Freundinnen, um uns herumhaben. Und es ist so schön, dass man von den Freunden so genommen wird, wie man nun mal ist. Vielen Dank für das gute Gelingen. Ich werde an Euch alle dabei denken. Viele liebe Grüße von Andrea

Lieber Bernhard, ich finde es ganz Klasse, dass Deine Frau Dich zurück ins Leben geholt hat. Ich hoffe doch, dass sich Dein Gesundheitszustand gebessert hat. Ich habe nach meiner OP und Bestrahlung auch ganz schön lange gebraucht, um wieder in die Gänge zu kommen. Ich war total erschöpft und schlief auch sehr viel.

Aber irgendwann habe ich meine Müdigkeit und Trägheit überwunden und habe den Sport und auch Walking für mich entdeckt. Ich genieße es jeden Tag. Ich merke jetzt, wie meine Kräfte immer mehr zurückkehren. Dir wünsche ich auch viel Kraft zur Rückkehr ins Leben.

Viele Grüße und einen schönen Abend wünscht Dir Andrea.

Bernhard J. Donnerstag, 26 März 2015

Danke Andrea. Das alles ist ja schon 2008 passiert, heute habe ich ein anderes Leben. Ich hätte es nicht ohne die gemachten Erfahrungen.

Freundschaft Teil 2

Heute am 24.April habe ich wieder eine kleine Überraschung von einer sehr guten Freundin erhalten. Meine Freundin hatte mir zu meinem Geburtstag am 24.Dezember 2015 12 verschiedene Päckchen für mein 51.Lebensjahr geschenkt. Die Päckchen öffne ich jeweils am 24. des Monats. Gestern war es nun wieder so weit. Ich bin jedes Mal gespannt, was sich dieses Mal in den Päckchen verbirgt. Ich habe mich total gefreut, was ich dieses Mal erhalten habe: Es gab eine liebe Botschaft auf der folgendes stand:

Liebe Andrea! Gemeinsam den Alltag entfliehen! Ich hole Dich heute um 13:00 Uhr ab. Dann möchte ich gerne einen schönen Spaziergang machen mit Dir den Frühling genießen. Ich wünsche uns Sonnenschein! Deine Jacki

Ich habe mich wieder total gefreut.

Ich finde, dass Ihr diese Überraschung wirklich gelungen ist. Im letzten Monat haben wir beide gemeinsam einen Birnenbaum in unseren Garten gepflanzt. So ein Bäumchen ist was Bleibendes für die Ewigkeit, auch wenn einer von uns Beiden nicht mehr da sein sollte. Und jedes Jahr, wenn der Birnenbau wieder anfängt zu blühen, werden wir jeweils an die Freundin denken.

www.andrea-v.de

Freitag, den 24.04.2014

Freundschaft Teil 3
Blick auf den Ruppiner See beim morgendlichen Spaziergang

Ich bin heute früh schon mit einer Freundin walken gewesen. Das Wetter ist heute einfach herrlich. Die frische Luft tut mir so richtig gut. Jetzt will ich zuerst einmal ordentlich frühstücken.

Es gibt bei mir jeden Morgen ein Müsli mit folgenden Zutaten:

- Haferflocken,
- Leinsamen,
- Milch,
- Magermilchjogurt und Früchte der Saison.
  Dieses Müsli bekommt mir sehr gut. Ich finde, da

53

Dieses Müsli bekommt mir sehr gut. Ich finde, das morgendliche Frühstück ist total wichtig, um gekräftigt in den Tag zu starten.

Heute Nachmittag gehe ich mit meiner besten Freundin auch nochmal spazieren, wir wollen gemeinsam den Nachmittag verbringen und den Frühling genießen. Überall blüht und duftet es jetzt so schön. Es gibt so vieles in der Natur zu bestaunen und zu sehen.

Freitag, den 29.05.2015, Brief von meiner besten Freundin

Heute erhielt ich wieder einen richtigen lieben Brief von meiner besten Freundin

Hier veröffentliche ich einen kleinen Ausschnitt des Briefes, der mich sehr berührt und auch gefreut hat.

Dieser Brief hat mir wieder einmal die Augen geöffnet über wahre Freundschaft.

Meine liebe Andrea....

Selten findet man jemanden, den man bedingungslos liebhat. Ohne irgendwelche Verpflichtungen oder Ansprüche. Wir haben das....

Du hast Ende letzten Jahres zu mir gesagt, dass das Jahr 2014 für Dich irgendwie gar nicht so schlimm war. Trotz Deiner Erkrankung! Dir wurde vieles bewusster.

Du hast vieles ganz intensiv erlebt, wir haben uns neu gefunden.

Diese Worte haben mich sehr bewegt...Auch wenn wir uns nie ganz aus den Augen verloren haben, wurde uns erst in dieser schweren Zeit bewusst, wir wichtig wir uns sind. Mir wurde bewusst, wie unwichtig manches ist. Du warst schon immer ein sehr wichtiger Mensch in meinem Leben, aber je größer unsere Kinder wurden, umso weniger pflegten wir unsere Freundschaft.

Du hast mir immer wieder gesagt, wie dankbar Du mir bist für alles. Alles Quatsch...Ich gebe nur etwas zurück...Das ist für mich alles selbstverständlich, wie es für Dich immer selbstverständlich war. Es gab nämlich mal eine Zeit, in der ich krank war. Und das immer und immer wieder...Vielleicht kannst Du Dich nicht mehr so gut daran erinnern. Aber ich kann es! In dieser Zeit warst Du es, die mich begleitet hat, die mir zugehört hat, die meine Ängste teilte und die sich um S. gekümmert hat, wenn es Not am Mann war...

Ich wünsche mir, dass Du mir gegenüber keinem schlechten Gewissen hast. Durch Deinen Scheiß Krebs haben wir beide erleben dürfen, wie toll eine richtige Freundschaft ist. Eine Erfahrung, die uns beiden niemand mehr nehmen kann...! Ich habe Dich ganz doll lieb und schließe Dich immer in meine Gebete ein.

Deine Freundin Jacki

Donnerstag, den 13.05.2015, Himmelfahrt und Vatertag

Ich wünsche allen Lesern meines Blogs einen schönen Himmelfahrtstag und den Männern und Vätern unter Euch einen schönen Vatertag.

Ich werde nachher auch noch zusammen mit meinem Partner einen kleinen Ausflug mit dem Fahrrad unternehmen. Ich freue mich schon auf diesen kleinen Ausflug.

Gestern schrieb mir eine sehr gute Freundin, die ich aus meiner Lehrzeit kenne, eine kurze Nachricht über WhatsApp: Hallo, Hallo liebe Andrea. Bist du arbeiten? Hättest du mal kurz Zeit für mich?

Ich rief sie dann gleich an, weil ich mir große Sorgen um sie mache. Sie erzählte mir dann, dass man bei der Mammografie einen großen Knoten bei ihr gefunden hat. Die Stanzbiopsie wird am Montag bei ihr gemacht. Sie war richtig traurig. Sie hat in ihrem Leben schon seit langer Zeit ziemlich viel durchgemacht. Sie hat schon einige Krebsgeschichten und auch Diabetes zu verarbeiten. Sie tut mir so unendlich leid. Ich habe ihr am Telefon Mut gemacht. Am 30.Mai wollen wir uns wieder treffen. Ich freue mich auch schon sehr, sie wiederzusehen. Sie hat mir vor einem Jahr auch ziemlich viel Mut gemacht. Ich habe sie schon seit Jahren dafür bewundert, wie sie die Krankheiten alle so wegsteckt. Sie ist ein großes Vorbild für mich. Sie strahlt auch so viel Positives aus.

Kurz nachdem wir aufgelegt hatten, kam die liebe Nachricht von ihr:

www.andrea-v.de

Danke, Danke, dass du mir zugehört hast. Mache dir keinen Kopf, ich warte erstmal ab und dann kann ich mir nen Kopf machen. Hab dich lieb.

Ich habe ihr dann geantwortet: Liebe S. ich habe dir gerne zugehört. Ich bin immer für dich da. Ich wünsche dir alles Liebe und Gute.

2 Wochen später habe ich mich mit meinen beiden Freundinnen aus der Lehrzeit getroffen. Und ich war sehr glücklich, als S. mir erzählte, dass der Befund nach der Stanzbiopsie positiv ausgefallen. Es handelt sich bei ihr um kein bösartiges Mammakarzinom. Ich habe mich total für sie gefreut.

Die **Stanzbiopsie** ist ein Verfahren zur Gewinnung eines Gewebezylinders aus krankheitsverdächtigen Körperregionen zum Zweck einer feingeweblichen (histologischen) Untersuchung. Dazu kommen verschiedene Nadeltypen (z. B. TruCut) und Durchmesser (1,1–2,2 mm) in Frage. Stanzbiopsien werden beispielsweise bei krebsverdächtigen Knoten in der weiblichen Brust, der Leber oder der Prostata sowie zur Untersuchung der Haut und Zusammenhang mit Knochenmarkpunktionendurchgeführt.

Ausschnitt aus den Ruppiner Anzeiger vom 13./14.Juni 2015:

Rudern gegen Krebs geht in die achte Runde:

Am 5.September findet vor den Neuruppin Bollwerk zum achten Mal die Benefiz-Regatta Rudern gegen Krebs statt. Der bundesweit stattfindende Wettbewerb feiert in diesem Jahr sein zehntes Jubiläum. Mit bisher 58 Regatten und mehr als 15000 Teilnehmern an 19 Austragungsorten ist Rudern gegen Krebs die größte Breitensportveranstaltung ihrer Art. Die Erlöse kommen Sportprojekten für Krebspatienten aus der Region zugute.

Auch ich nehme an so einem Sportprojekt teil und möchte mich auf diesem Wege einmal bei den Akteuren dieses Projektes bedanken. Der Sport verhilft mir zu neuen Mut und Kraft in Zusammenhang mit meiner Krebserkrankung. Das Training treibt mich an. Der Sport bringt mir Erholung und meine Belastungen werden besser abgebaut.

www.rudern-gegen-krebs.de

Ich habe gestern noch eine E-Mail an die Stiftung Leben mit Krebs geschrieben und habe mich sehr über die rasche Antwort gefreut.

Hier der Inhalt meiner Email an die Stiftung Leben mit Krebs:

Danke für das Sportprojekt Sport zum Leben

Sehr geehrte Damen und Herren, ich möchte mich auf diesem Wege bei Ihnen für das Sportprojekt: Sport zum Leben bedanken. Auch ich nehme seit meiner Krebserkrankung auch an solch einem Sportprojekt teil. Dieser Sport macht mir Mut und gibt mir meine Kraft zurück. Vielen Dank an alle Akteure und vor allem an das Team von der alten Alten Schwimmhalle Reha Zentrum in Neuruppin. Mein besonderer Dank gilt Herrn M.Wöge meinen Trainer. Vielleicht melde ich mich ja noch zur Neuruppiner Regatta an. Viele liebe Grüße von Andrea Voß aus Wustrau: meinlebenmitbrustkrebs.blogspot.com

Sehr geehrte Frau Voß,

haben Sie vielen Dank für Ihre nette Rückmeldung. Ich habe Ihre Nachricht an den Vorstand unserer Stiftung und an die Projektverantwortlichen in Neuruppin weitergeleitet. Sie alle haben sich über Ihre Nachricht sehr gefreut.

Ihr Feedback ist uns sehr wichtig und gibt uns Zuversicht, dass die Tätigkeit der Stiftung Leben mit Krebs und die Entwicklung unserer Projekte, speziell des Sportprojektes am Rehazentrum in Neuruppin, auf die Bedürfnisse der Patienten angepasst sind und ein wichtiger Teil der komplexen Therapie sind. Die wenigen Zeilen Ihrer Email drücken sehr gut aus, auch wie langfristig positiv die Effekte der Sportinitiative sind. Selbstverständlich freuen wir uns auch auf Ihre Teilnahme an der Regatta am 05. September.

In diesem Sinne wünschen wir Ihnen alles Gute und noch viel Spaß in dem Sportprojekt.

Mit freundlichen Grüßen,

Justyna Iskierka
Projektkoordinatorin

Stiftung Leben mit Krebs
Mainzer Straße 48
55252 Mainz-Kastel

www.stiftung-leben-mit-krebs.de
www.rudern-gegen-krebs.de

Sonntag, 14.06.2015, Rudern gegen Krebs 2

Ausschnitt aus den Ruppiner Anzeiger vom 13./14.Juni 2015:

Rudern gegen Krebs geht in die achte Runde:

www.rudern-gegen-krebs.de

Mittwoch, 17.06.2015, Rudern gegen Krebs 3

Die Resonanz auf meinem Blog: Rudern gegen Krebs ist ziemlich groß. Hier einige Ausschnitte von Kommentaren aus fischundfleisch:

- **fischundfleisch** Dienstag, 16 Juni 2015

Liebe Andrea! Eine wunderbare Aktion, wir werden auf unseren Social-Media-Kanälen noch öfter darauf aufmerksam machen, danke dir, weiter so! Kannst echt stolz auf dich sein!

Liebe Grüße aus dem Team

- **Leopold** Mittwoch, 17 Juni 2015

Danke liebe Andrea.

Ja, der Gedanke, Sport ist gut und wichtig, der kann sehr, sehr viel Kraft schenken, und dann bringt der Sport tatsächlich den Erfolg, den man sich von ihm erwünscht ...

ich freue mich immer ganz, ganz riesig von dir zu hören, liebe Andrea, du bist für mich ein Musterbeispiel, dass man mit positivem Denken alles schaffen kann....

ich wünsche dir viel Erfolg dabei, nur weiter so...

Außerdem habe ich eine E-Mail von einer alten Bekannten aus meiner Lehrzeit erhalten, die ich hier gern auch für Euch veröffentliche:

Liebe Andrea,

vielen Dank für deine Email. Ich habe auch die Zeilen zur Kenntnis bekommen, die du an die Stiftung gesendet hast. Frau Iskierka hat sich dafür ja bereits bedankt. Das ist wirklich sehr wichtig, dass sich auch Betroffene melden und über das Ergebnis der Sporttherapie berichten.

Wenn du am Wettbewerb teilnehmen möchtest, wende dich einfach an Michael Wöge, du schreibst er sei dein Trainer, dann bis du ja dort bereits richtig. Ich weiß, dass aus dem Sportprojekt an der alten Schwimmhalle auch wieder Mannschaften teilnehmen möchten. Vielleicht gelingt es dir, dort mit einzusteigen oder eine weitere Mannschaft zu initiieren. Auf der Regatta werden auch Patientenrennen ausgetragen, wir hatten die Jahre bisher ca. 4-6 Mannschaften. Das ist wirklich sehr schön, dass es die Patienten schaffen, sich bereits einem Wettkampf zu stellen, wobei nicht so sehr das Siegen im Vordergrund steht, vielmehr die Teilnahme.

Ich wünsche dir ganz viel Kraft, den Krebs weiterhin zu bekämpfen und wieder ganz gesund zu werden. Positiv zu denken ist sicher sehr wichtig, wenn auch oft nicht leicht. Dabei kann der Sport ungemein helfen. Gerade beim Rudern kann man so richtig abschalten. Wir haben im Übrigen in unserem Verein auch ca. 4 ehem. Krebspatientinnen, die Mitglied geworden sind und gemeinsame feste Train. Zeiten in unserem Verein haben.

Sie nehmen gegenseitig Rücksicht aufeinander und rudern nicht nur, sondern wandern, spielen Tischtennis, treffen sich zum Kaffee etc. und tauschen sich eben aus und geben sich

www.andrea-v.de

gegenseitig Kraft. Vielleicht hast du ja mal Zeit und Interesse da hineinzuschnuppern??

Herzliche Grüße

von Antje

Sonnabend, den 11.07.2015, Line Dance und Rudern gegen Krebs

Gestern Abend habe ich mich mit einigen Freundinnen zum Line Dance spontan verabredet, Ich habe eine kleine Line Dance Party bei mir auf dem Hof gemacht. Wir hatten vor ca. 8-9 Jahren mal eine kleine Line Dance Gruppe in Wustrau. Es hat uns damals großen Spaß gemacht. Aber irgendwie ist uns damals die Gruppe auseinandergebrochen. Und nun haben wir gestern doch mal wieder zusammen getanzt und ich muss schon sagen, dass es mir großen Spaß gemacht hat. Manche Schrittfolgen hat man zwar etwas vergessen. Aber in der Gruppe kommt man so langsam wieder rein. Wir wollen uns jetzt wieder öfter treffen.

Außerdem bin ich gestern wieder in der Krebssportgruppe gewesen. Herr Wöge unser Trainer hat uns alle zum Rudern gegen Krebs eingeladen. Am 5.September findet eine Benefizregatta in Neuruppin auf dem schönen Ruppiner See statt. Einige von uns wollen an der Benefizregatta teilnehmen. Ich freue mich schon auf diesen Event und mache dort auch mit. Die Einnahmen die dort erzielt werden, gegen an die Deutsche Krebsstiftung bzw. kommen dem Projekt: Sport zum Leben zu Gute.

64

Geschrieben von Sonja Schiff am Freitag, Juli 10, 2015

Es gibt Menschen, die brauchen, um zu Deiner Erkenntnis zu kommen, ein halbes Leben, dutzende Bücher und hunderte Seminare. Ich finde es bemerkenswert, wie reflektiert Du bist. So jung und schon so tief denkend :-)

Wirklich bemerkenswert. Nach 50 Jahren Lebenszeit, nach hunderten Gesprächen mit alten Menschen (ich bin lange Jahre Altenpflegerin gewesen), sehe ich das Glück im Augenblick, in der Wahrnehmung der vielen kleinen Wunder, denen wir täglich begegnen. Ich bin mir nicht so sicher, ob es überhaupt um Glück geht. Ist es nicht vielmehr wichtig, insgesamt mit seinem Leben einfach zufrieden zu sein?

Stimmt genau liebe Sonja

Und zufriedene Menschen kennt man daran, dass sie nicht rumnörgeln, oder andere Meinungen als weniger wert einstufen, als ihre eigene ... denke ich mal.... Leopold

Samstag, 11 Juli 2015 ·

Liebe Sonja und lieber Leopold, ich sehe es auch so wie ihr, das Glück dieser Erde liegt in den kleinen Dingen und im Augenblick. Es ist total wichtig mit seinem Leben insgesamt einfach zufrieden zu sein. Ich bin zwar immer noch krank, aber fühle mich trotzdem total wohl. Am Montag, hatte ich einen Termin beim Oberarzt und war auch zur Mammografie. Es ist nichts weiter dazu gekommen. Das Narbengewebe verheilt prächtig Der Arzt sagte auch zu mir, dass er meine positive

www.andrea-v.de

Einstellung zu der Krankheit total gut findet und ich mich deshalb so gut fühle. Er sagte auch, dass meine positive Art ansteckend wirkt. Ich wünsche Euch allen einen wunderschönes Wochenende.

Genauso sehe ich es auch, das Glück liegt wirklich im Augenblick.

Geschrieben von Leopold Scharf am Sonntag, Juli 12, 2015

Liebe Andrea.

Ich stimme dir voll und ganz zu, du hast so recht....

und ich habe es dir schon ein paar Mal gesagt, mach bitte so weiter, weil du endlich die Macht deines positiven Denkens kennst, und mit denen ist jedes Wunder möglich.

Ich freue mich so sehr für dich, und ich sehe dich immer schon vollkommen gesund, weil es gar nicht anders möglich ist, wenn man so gut drauf ist, wie du es jetzt immer bist.

Lieber Leopold,

ich danke dir für deine lieben Worte. Das gefällt mir sehr gut, wie du es beschreibst:

"Die Macht des positiven Denkens." " Und dass mit dem positiven Denken, jedes Wunder möglich ist." Ich wünsche dir und den anderen noch einen schönen Sonntagabend.

66

Lieber Andy, ein wirklich großartiger Blog, den ich jetzt gerade erst entdeckt habe, geht in Richtung Wesentliches. Andy McQueen Sonntag, 12 Juli 2015

Vielen herzlichen Dank! 😊

Heute ist es nun soweit. Um 9:00 Uhr wird ein Knochenzintigramm bei mir gemacht.

Ich bin gerade vom Krankenhaus zurück. Die Untersuchung habe ich sehr gut überstanden. Die Knochenmetastasen sind an einigen Stellen zurückgegangen. Ich bin so froh darüber, dass nicht mehr dazu gekommen sind. Da scheint die Therapie mit der Zometainfusion alle 4 Wochen doch gut zu funktionieren. Ich vertrage diese Infusion eigentlich ganz gut. Ich fühle mich nur manchmal etwas schlapp danach.

Heute Abend bin ich nach Neuruppin zum Rudern eingeladen. Wir treffen uns dort mit unserer

www.andrea-v.de

Krebssportgruppe und wollen für die Aktion Rudern gegen Krebs übern.

Nähere Infos unter: www.rudergegenkrebs.de

Das ist ja super! Ich gratuliere und mach weiter so. Dann wird das ja eine richtig gute Woche - da bin ich mir sicher und grüße auch gleich alle anderen.

Vielen Dank liebe Rita. Ich bin so richtig glücklich. Heute um 17:00 Uhr bin ich zum Rudern eingeladen worden. Wir treffen uns in Neuruppin mit unserer Sportgruppen und wollen für die Aktion Rudern gegen Krebs trainieren. Am 05.09.2015 findet die Regatta in Neuruppin auf dem Ruppiner See statt. Ich will dabei sein. www.rudergegenkrebs.de

Mensch. Das ist eine tolle Nachricht. So kann es weitergehen. Ich drück dir die Daumen. Das mit dem Rudern ist eine tolle Idee. Besser kann man sich nicht ablenken und das noch mit guten Freunden. Perfekt.

"HERZLICHEN GLÜCKWUNSCH ".

Das ist total super gut .Ich wünsche Dir von Herzen, dass es so weiter gehen mag.

Ganz liebe Grüße

Das ist suuuuuuuuuuuper meine Liebe, immer weiter so :)

Ihr lieben Alle, ich danke Euch für Eure guten Wünsche. Ich bin gestern zum ersten Mal mit einem Vierer gerudert. Zuerst war das alles ganz schön wackelig.

Aber dann hat es mir ziemlichen Spaß gemacht. Ich freue mich schon auf den 05.09.2015. An diesem Tag findet die Regatta auf dem Ruppiner See statt. Ich fühle mich super.

Carola W. hat geschrieben:

Das kann ich mir gut vorstellen dass die anfängliche Ruderschläge noch etwas unrund waren und das Herz hat vor lauter Freude und Anspannung geblubbert. Aber dann lief doch alles rund.

Da hast Du sicherlich eine ganze Menge ENDORPHINE ausgeschüttet.

Nun für die anstehende Regatta, es ist ja noch Zeit für mehrmaliges Training, wünsche ich schon mal alles Gute und sooooo viel Kraft und Energie. Mach es gut und liebe Grüße

Sonntag, den 06.07.2015, Ultraschall und Zometa

Heute bin ich wieder in der Onkologie gewesen. Gleich wie ich dort rein kam, stand ich auf einem Male vor dem Chefarzt. Ich musste gar nicht lange warten. Ich konnte gleich mit reingehen. Er untersuchte meine Brust und machte Ultraschall von meiner Rippengegend und Magengegend. Es ist alles in Ordnung. Er war sehr zufrieden mit meinem Gesundheitszustand. Er sagte mir auch, dass meine positive Einstellung sehr dazu beiträgt, dass ich mich so gut fühle. Ich fragte ihn auch, ob es eventuell noch ein anderes Mittel geben würde um meine Metastasen an den Knochen in Schach zu halten. Er sagte mir dann, dass es ein anderes Medikament geben würde. Allerdings kann er dieses Medikament mir leider nicht empfehlen. Bei diesem Medikament kommt es allerdings zu Komplikationen wie Kiefernekrosen oder auch Nierenschäden. Ich habe mir den Namen von dem Medikament leider nicht gemerkt. Nun bin ich aber doch wieder etwas am Grübeln.

Anschließend habe ich dann wieder die Zometainfusion bekommen. Ich fühlte mich hinterher schlapp und müde. Morgen muss ich dann zur Mammografie. Dieses Mal werden beide Brustseiten untersucht.

Ich habe natürlich wieder etwas Angst davor. Aber ich denke positiv und glaube fest daran, dass alles in Ordnung ist. Anfang August wird dann bei mir das Knochenzintigramm gemacht.

Als ich die Infusion verabreicht bekommen habe, habe ich wieder mit sehr netten Frauen dort gesessen, die alle eine Chemotherapie bekommen. Wir haben uns alle dort sehr gut verstanden. Wir sitzen dort alle im selben Boot. Jede Frau hat so ihr eigenes Schicksal. Alle Frauen, denen ich dort begegne, strahlen dort so viel Positives auf mich aus. Es ist fast so, als wenn wir alle beim Kaffeekränzchen sitzen würden. Es ist so herrlich, sich mit anderen über die Krankheit bzw. auch über Allgemeine Dinge zu unterhalten. Wir machen uns dort gegenseitig Mut. Die Schwestern in der Onkologie sind auch total freundlich. Sie behandeln uns alle mit Respekt.

Kommentar von einer Freundin:

Es geschehen oft Dinge im Leben, wo man sagt wieso ich. Keiner kann einem helfen und man muss Mut aufbringen und den Kampf aufnehmen. Sei stark und habe Mut, du schaffst es und siehe da alles wird dann gut.

Ich werde in der nächsten Zeit lernen, neue Wege zu gehen!

Donnerstag, den 09.07.2015, Mammographie und Ultraschall

Am Dienstag bin ich bei der Mammographie gewesen. Es wurden dieses Mal beide Seiten untersucht. Es ist alles in Ordnung. Das Narbengewebe heilt auch gut. Das Lymphödem ist auch etwas, dank der Lymphdrainage, zurück gegangen. Ich bin so froh darüber.

Herr Jacek W. hat gestern auch einen interessanten Titel geteilt. Auch ich vermeide seit meiner Brustkrebserkrankung so gut wie es geht, Alufolie in meinem Haushalt zu vermeiden. Manchmal gelingt es mir aber nicht. Neulich erst habe ich mir ein schönes Schollenfilet mit Butter und Kräutern in Alufolie gegart. Es hat vorzüglich geschmeckt. In dem Moment habe ich natürlich nicht an die schädliche Wirkung von Alufolie gedacht. Hat eventuell Jemand einen Vorschlag, was man als Alternative zur Alufolie beim Grillen!

Ich habe mir da mal so überlegt, dass man da ja eine Keramik-Auflaufform oder Edelstahl für Fisch benutzen kann.

Rita V.: Ja ich versuche auch oft die Alufolie zu vermeiden. Manchmal vergesse ich es aber leider.

Achtet allgemein auch bei allen Verpackungen auf das Alu. z.B. Abdeckung beim Joghurtbechern. Plastik und Alu eine gefährliche Kombination. Ich versuche es schon lange zu vermeiden wo es nur geht. Es ist schwierig. Was gar kein Mensch braucht sind Getränke aus Aluminiumdosen. Abgesehen davon dass die Verpackung da um ein Vielfacher wertvoller ist als der Inhalt so ist auch alleine die Herstellung von Aluminium schon eine ökologische Katastrophe. Hätten wir wirklich einen **Verbraucherschutz** - hätte es das gar nicht gegeben ebenso wie das viele Plastik und noch schlimmer das Weichplastik, denn mit den Abdeckfolien tut man sich auch nichts Gutes. Ich verwende nach Möglichkeit nur Glasverpackungen und das kann man dann auch mehrfach verwenden. Es ist nicht einfach heute auf seien Gesundheit zu achten.

Und gerade deshalb wünsche ich allen einen guten Tag,. voller Freude.

Vielen Dank für die Info, liebe Andrea!

Rita V. es geht halt leider, wie fast immer, nur um den wirtschaftlichen Aspekt. Nach dem Menschen fragt doch eigentlich wirklich keiner mehr. Hauptsache Profit!

Elke H. Ja so ist es und das ist mal unser Untergang - denn der Mensch bleibt die Hauptsache - so sollte es sein.

Elke H.

Ja, aber leider hocken überall die Managertypen, die nur auf Profit aus sind und wenn sie noch jemanden rausdrücken können, nur weil er nicht in der Spur läuft, dann ist ja alles Bestens.

Elke B.

Man kann sich auch verrückt machen.

Ja, aber wenn man zwei Mal den Mist schon gehabt hat mit Chemo, OP Not-OP, Bestrahlung, starken Medikamenten, Knochenschmerzen, Bluthochdruck, Verbrennungen von der Bestrahlung, Fehldiagnosen...

Psychotherapie, Schlafstörungen, Bauchspritzen, Verlustängste der Kinder, etc., dann kann man das denke ich doch ganz gut nachvollziehen, oder?

Ich lebe auch weiter wie bisher und trotzdem ist man einfach vorsichtiger, bzw. hellhöriger.

Wir werden lernen müssen, alle etwas hellhöriger zu werden +, dass wir uns etwas zutrauen, was andere noch nicht gemacht haben.

Ihr lieben Alle. Ich danke euch allen sehr für eure Kommentare. Entschuldigung, dass ich erst so spät darauf reagiere. Ich hatte noch keine Zeit den Rechner einzuschalten

Ich melde mich morgen wieder. Ich wünsche euch allen eine Gute Nacht und schöne Träume.

Gute Nacht Andrea, Schlaf gut

Jacek W.

Alufolie beim Kochen und Grillen erhöht Gesundheitsrisiko

Bei Zubereitung von Speisen werden Lebensmittel oft in Alufolie gewickelt.

Vorsicht! Alufolie kann Aluminium in bedenklicher Menge an die Lebensmittel abgeben.

- See more at: http://brustkrebs.com.de/alufolie-beim-kochen-krebsrisiko

Freitag, 14.08.2015, Sport zum Leben, Rudern gegen Krebs

Heute möchte ich mal wieder etwas von mir hören lassen. Mir geht es richtig gut. Ich habe mit dem Rudern begonnen. Zuerst war es ganz schön anstrengend. Ich brauche eine ganze Weile um die Rudertechnik zu beherrschen. Aber nun macht es mir Spaß auf einen Vierer über den Ruppiner See zu gleiten. Es ist einfach schön in der Vierergruppe zu rudern. Unser Rudertrainer muss ganz schön Geduld für uns aufbringen. Zuerst haben wir uns immer mit den Skulls verhakt. Es dauerte eine ganze Weile, bis ich das richtige halten der Skulls verstanden habe. Wir haben ja noch etwas Zeit zu üben. Am 05.09.2015 findet die große Ruderregatta am Ruppiner See dann statt. Ich bin dann auch auf einem der Patientenboote vertreten. Ich freue mich schon sehr darauf und auch das ich dabei sein kann.

Nähere Informationen findet man auf: Rudern gegen Krebs

Mein Training findet im Neuruppiner Ruderclub statt. Ich möchte mich auf diesem Wege bei meinem Trainer Michael W. und Patrick bedanken. Sie bringen große Geduld und viel Verständnis für uns Krebskranke auf.

www.andrea-v.de

Es wird auch sehr viel gelacht.

Ein Blog von einer Freundin hat mich heute wieder einmal sehr beeindruckt. Vielen Dank liebe Helga.

Dienstag, 15.09.2015, Reha in Bad Schwartau, Tu, was dir am Herzen liegt.

Ich habe mir heute nach meinen Anwendungen das Buch von Helena Zumsande gekauft.

Gleich in den Therapiepausen habe ich angefangen, dieses Buch zu lesen. Ich muss schon sagen, dass mich dieses Buch sehr bewegt. Der Titel nennt sich: "Mein Leben mit Krebs "Solange ihr mein Lied hört." Ich habe mich gleich in das Buch reingelesen. Es hat mir Gänsehaut verpasst. Auch ich fühle in mancherlei Hinsicht genauso wie Helena.

Hier eine kurze Beschreibung des Inhalts:

Als sie achtzehn ist, ändert sich Helenas Leben. Sie leidet an Übelkeit und Magenproblemen, fühlt sich schlapp und immer unwohl. Eine Ärzte-Odyssee beginnt. Dann, zwei Jahre später, bekommt sie die niederschmetternde Diagnose Magenkrebs im fortgeschrittenen Stadium. Seither kämpft Helena gegen die Krankheit und für jeden positiven Moment. Dabei hilft ihr ihre große Leidenschaft - das Singen. In ihrem Buch beschreibt sie, was jetzt in ihrem Leben wirklich zählt, welche Träume sie noch hat und was ihr die Musik geben kann. Helenas Geschichte ist berührend und hat eine klare Botschaft.:

Tu, was dir am Herzen liegt = Gesundheit denken + tun!

Sofort als ich dieses Buch angefangen zu lesen habe, dachte ich das diese Helena noch so jung gewesen ist, aber trotzdem auch schon so weise. Ich finde es sehr beeindruckend, wie sie mit dieser Krankheit umgegangen ist und auch, dass sie sich ihre Träume und Wünsche noch erfüllt hat. Ich denke in vielerlei Hinsicht genauso, wie Helena.:

Sie schreibt: Ist es nicht verrückt? Ohne diese Krankheit hätte ich mir meinen größten Wunsch, Sängerin zu werden, nicht erfüllt. Und gleichzeitig kann mir die Krankheit genau all das wieder nehmen.

Dieses Zitat von ihr gefällt mir ganz prima. Auch ich denke in vielerlei Hinsicht genauso wie Helena,

Ich versuche auch jeden Tag, das Beste für mich raus zu holen. Ich lebe im Hier und Jetzt und es fühlt sich gut an. Auch das positive Denken hilft mir immer wieder sehr bei der Bewältigung meiner Krankheit. Ich rege mich nicht mehr so schnell über Kleinigkeiten auf., Ich genieße das Leben. Und tue auch, was mir am Herzen liegt.

http://meinlebenmitbrustkrebs.blogspot.com/2015/09/di enstag-15092015-reha-in-bad-schwartau.html

Kommentare auf meinem Blog zu dem Thema:

Gerhard, N. von Fisch und Fleisch am Mittwoch, 16 September 2015

Ein wunderschöner Beitrag und eine richtige Einstellung zu deiner Krankheit. Loslassen von dem, was dir unwichtig erscheint und mit den wichtigen Dingen im Hier und Jetzt leben.

Was auch wichtig ist, die Krankheit annehmen. Denn nur was man bewusst angenommen hat, kann man auch wieder bewusst loslassen.

Irgendwann in deinem Leben wirst du zurückblicken und sagen: durch meine Krankheit habe ich viel gelernt, was ich sonst nicht gelernt hätte und du wirst dankbar dafür sein. Dazu gehört, das selbstständige Laufen lernen.

Alles Liebe Gerhard

Meine Antwort aufs Gerhard N. Kommentar am Mittwoch, 16. September 2015

Lieber Gerhard, vielen Dank für deine netten Worte. Ja du hast so recht damit, dass man seine Krankheit annehmen muss. Ich habe Frieden mit meiner Krankheit geschlossen. Ich habe meine Krankheit bewusst angenommen und bin auch total dankbar dafür. Es geht mir trotz meiner Krankheit richtig gut. Alles Liebe von Andrea

Fisch und Fleisch am Mittwoch, 16 September 2015

Danke für die Einblicke in dein Denken. Es scheint ein sehr spannendes Buch zu sein, was zum Reflektieren anregt und weiteren Mut schöpfen lässt. Gerne geben wir den Tipp auch an Menschen auf Twitter weiter.

VG, Steven

Marie L. Mittwoch, 16 September 2015

Viel Kraft und viele schöne Tage!

Antwort von mir am Mittwoch, 16.September 2015

Liebe Maria, vielen Dank für deine aufmunternden Worte. Ich habe mich sehr darüber gefreut. Ich wünsche dir auch eine schöne Zeit. Liebe Grüße von Andrea

Claudia Braunstein Mittwoch, 16 September 2015

Ein schöner Artikel, den ich sehr gut nachvollziehen kann. Liebe Grüße Claudia

Erkenntnisse seit meiner Diagnose der Brustkrebserkrankung

Seit meiner Brustkrebserkrankung ist mir sehr bewusst, dass wir meist in dem Glauben, noch ewig lange Zeit zu haben oft nicht im Augenblick – sondern mit dem Warten auf die großen, besonderen Dinge der Zukunft – leben. Und so die kleinen glücklichen Dinge in unserem Alltag verpassen, die eigentlich unser Leben ausmachen und wir umso mehr wertschätzen sollten; man weiß nie, wie viele davon noch kommen werden.

. Der Mensch ist in gewissen Situationen stärker als er denkt.

Der Oberarzt hat mir aber gesagt, dass ich mit dieser Krankheit alt werden kann. Ich glaube fest daran und lebe jetzt mein Leben.

Ich genieße den Tag und mach einfach das was ich will.

Ich weiß liebe Andrea, unsere Situation verändert alles im Leben. Es hat schlechtes aber auch gutes und ich denke, dass man jetzt einfach viel intensiver lebt.

Man sollte jeden Tag so leben, als wäre er der letzte.

Ich habe damit angefangen, ein Tagebuch zu schreiben, und ich merke, dass es mir guttut.

Alle Wege führen zum Ziel. Ich versuche meinen eigenen Weg zu finden.

Der Krebs bewirkt, dass ich jetzt in meinem Leben etwas ändern muss, was mich belastet. Da habe ich eine Menge aufzuarbeiten.

Die Arbeit war vor meiner Krankheit einmal das Wichtigste in meinem Leben. Aber nun sind mir das Leben, meine Familie, Freunde, Gesundheit und all die vielen anderen schönen Dinge viel wichtiger. Auch wenn ich jetzt viel weniger Geld zur Verfügung habe, ist meine Lebensqualität gestiegen.

Alle Wege führen zum Ziel – Finden Sie Ihren eigenen Weg: Ich versuche meinen Weg zu finden und ihn dann auch zu gehen.

Nein sagen lernen.

Bleib positiv – auch in furchtbar negativen Momenten.

Der Tod ist ein Thema, das man gern verdrängt.

Ja ich genieße mein Leben, auch den Glamour als das, aber materielle Dinge würde ich nie als vergleichbaren Luxus bezeichnen.

Ich muss mir nichtmehr jeden Wunsch erfüllen.

Bewegung tut mir gut.

Wirklich wichtig im Leben sind die Familie und gute Freunde.

Ich lebe jetzt mein neues Leben, Ein Leben, das noch immer volle Pulle gelebt wird. Ein Leben in dem das Glas halb voll und nicht halb leer ist.

Ich habe mich sehr über die lieben Botschaften gefreut, die ich in dieser schweren Zeit nach der OP und auch jetzt noch von anderen Menschen erfahren habe.

Mit einem Male zeigt uns die Krebsdiagnose, wie sehr das Leben uns eigentlich nur geschenkt ist.

Loslassen lernen.

Kommentare auf meinem Blog über Facebook:

Dein positives Denken und Handeln finde ich toll! RESPEKT, Andrea weiter so!!! **M.B.**

Meine Krebserkrankung hat mir erst die Augen für die wirklich wichtigen Dinge geöffnet.

Ja, das Leben muss uns aufzeigen, wenn wir nicht "rund laufen", und das machtes, indem es uns mit dem Wichtigsten was wir haben, eben unseren Körper, darauf hinweist, wenn er krank ist.

Seit Mitte 2014 schreibe ich an meinen Blog: meinlebenmitbrustkrebs.blogspot.de

Ich habe gemerkt, dass das Aufschreiben von meinen Gedanken und Gefühlen mir sehr bei der Bewältigung meiner Krankheit hilft.

Ich habe im Netz schon sehr viele Leidensgenossen und Leidensgenossinnen kennengelernt. Ich möchte diese Erfahrungen nicht missen.
Sonntag, den 10.01.2016 Antworten auf Fragen 1 bis 11. LiebsterAward50plus

Am 20. November 2011 wurde Sonja Schiff von der großartigen Maria Al-Mana, Autorin des Blogs Unruhewerk für den LiebsterAward50plus nominiert.

Eigentlich bin ich ja keine Freundin dieser Ketten-Awards, wie sie derzeit ihre Auswüchse zeigen in den Weiten des www. Den LiebsterAward50plus habe ich aber gerne übernommen, weil ich die Idee, einmal 50plus-BloggerInnen sichtbar zu machen, gut finde.

Mit Bloggen verbinden die meisten Menschen ja vor allem junge Frauen und Männer, aber Frauen über 50 oder gar über 60? Kaum.

Die Aktion LiebsterAward50plus hat mich auf alle Fälle bereits auf viele interessante Blogs aufmerksam gemacht. Jene, die mich am meisten angesprochen haben, findet Ihr übrigens rechts unten in der Leiste unter „Andere 50plus-Blogs" verlinkt. Ich hoffe, die Liste wird im Laufe der Jahre länger und länger.

ANDREA VOSS mit ihrem Blog Mein Leben mit Brustkrebs, die ihren Blog nützt um Ihre Gedanken und Gefühle zu verarbeiten und die ich für ihr nach Außen gehen mit allen Ängsten und Freuden, sehr bewundere.

Sonjas 11 Fragen an mich als Nominierte:

1. Wenn Du zurück denkst an Deine Kindheit. Was ist Deine älteste Erinnerung, wo beginnt quasi Deine Erinnerung?

Antwort zu Frage 1:

Meine erste Erinnerung beginnt quasi damit, dass ich meine Kleinkindzeit auf einem kleinen Hof zusammen mit meinen Eltern, meinem Bruder und meiner Oma, Uroma und Tante Betty in Mecklenburg-Vorpommern verbracht habe. Wir lebten mit 3 Generationen in einem Haus und feierten Weihnachten im Einklang mit unserer gesamten Familie. Meine Oma, Tante Betty und auch meine Eltern stammen alle aus Hinterpommern. Meine Eltern haben beide als Kinder die Flucht miterlebt.

Es wurde in meiner Kindheit nur sehr selten über Flucht und Vertreibung gesprochen. Meine Oma musste mit Ihrem Mann und 3 Kindern aus Horst Kreis Stolp flüchten und meine Mutter stammt aus dem kleinen Örtchen Röhrchen Kreis Naugard. Meine Oma von meiner Mutters Seite aus hatte auch 3 Kinder. Mein Opa mütterlicherseits ist im Krieg gefallen. Auch Sie musste flüchten und sich eine neue Existenz in der DDR aufbauen. Meine Eltern haben sich auf einer Gärtnerschule kennen und lieben gelernt. Zuerst kam mein Bruder 1962 auf die Welt. Ich wurde am 24.12.1963 als Andrea Christine (Christkind) geboren. Ich bin dort in

Vorland wohlbehütet aufgewachsen. Es gab auf unserem Hof noch 1 Pferd namens Peter, 1 Hund namens Bobby, 1 Katze, Schweine, Enten und Hühner. Ich kann mich noch gut an die Schlachtfeste erinnern, die wir auf dem Hof gemeinsam verbrachten. Außerdem gab es noch eine kleine Gärtnerei. Meine Großeltern väterlicherseits stammen aus einer Gärtnerfamilie in der 3. Generation. Mein Papas Papa (Opa Gerhard) ist leider in dem Jahr, als ich geboren wurde, gestorben. Ich habe ihn leider nicht mehr kennengelernt. Ich weiß aber, dass er sich noch sehr gefreut hatte, dass meine Mutti das 2.Kind erwartete. Meine erste Erinnerung meiner Kindheit beginnt damit, wie ich am Heiligen Abend 2 Jahre alt wurde. Wir haben dort mit unserer ganzen Familie zusammengesessen und mein Vater spielte Akkordeon und ich bekam einen riesigen Teddy geschenkt. Ich freute mich riesig. Ich fühlte mich richtig glücklich in den Kreisen der gesamten Familie.

2. Wie würdest Du in kurzen Sätzen Deine Kindheit beschreiben?

Antwort auf Frage 2:

Ich hatte eine wundervolle Kindheit auf dem Lande. Ich habe die ersten Jahre meiner Kindheit in Vorland (heute Mecklenburg-Vorpommern) auf einem Hof mit Tieren, einem riesigen Grundstück und einer kleinen Gärtnerei zusammen mit meiner Familie verbracht. Es war eine wundervolle schöne Kinderzeit, die ich nie vergessen werde. Wir saßen oft im großen Kreis der Familie zusammen am Tisch und aßen zusammen. Wir hatten keinen Fernseher. Das störte uns aber gar nicht. Es wurde oft zusammen Karten gespielt und von Zeit zu Zeit holte mein Vater sein Weltmeisterakkordeon heraus und wir sangen alle Lieder zusammen. Es war eine wunderschöne harmonische Kindheit. Es fehlte uns an nichts, wir waren einfach glücklich. Im Sommer plünderten wir immer die Kirschbäume und Beeren. Auch auf dem Heuboden über den Stall tobten wir oft herum. Ich verbrachte oft auch ein paar Stunden in den Gewächshäusern und spielte in der Muttererde herum, was ich auch heute noch gerne mache. Mit dem bloßen Finger in der Erde Rumwühlen.

Antwort auf Frage 3:

3. Welche Person hat Dich als Mädchen besonders geprägt und was hast Du von dieser Person bekommen?

Es haben mich ganz besonders meine Oma, meine Mutti und mein Vater als Mädchen geprägt.

Meine Oma, meine Mutti und mein Vater brachten mir bei, wie man aus einem kleinen Samenkorn eine Pflanze zieht. Meine Eltern stammen aus einer Gärtnerfamilie. Ich war sehr oft in den Gewächshäusern dabei und half meiner Mutter dabei, die kleinen Pflänzchen (Geranien, Eisblumen und viele mehr) zu Pikieren. Auch bei der Arbeit im Gewächshaus mit 3 Schiffen (Bezeichnung für ein großes Gewächshaus mit 3 überglasten Abteilungen) half ich ihr oft mit, die kleinen Seitentriebe der Nelken auszubrechen und auch die Nelken auszurichten, zu gießen und zu pflegen Meine Mutti hatte immer das ganze Nelkenhaus unter sich. Wenn ich nach der Schule zu ihr kam, hatte Sie immer Radio Luxemburg an. Ich half ihr dann gerne ein bisschen mit. Es war dort immer eine schöne Atmosphäre. Überall duftete es nach

Nelken. Mein Vater und meine Mutter wurden oft für Ihre wunderschönen Nelken gelobt. Alle 2 Jahre wurden im Wechsel immer Tomaten in dem Gewächshaus angebaut. Bei der Tomatenernte im Sommer half ich auch sehr oft mit. Es hat mir großen Spaß gemacht, dort einen Teil meiner Freizeit zu verbringen.

Von meiner Oma lernte ich zu kochen. Sie brachte mir allerhand Tipps bei, die ich heute noch sehr gut gebrauchen kann.

Mein Vater hat mich auch sehr geprägt. Er war der große Gärtnermeister, der mich am Heiligen Abend immer mit in die Blumenmärkte nahm. Er stellte mich als seine große Tochter vor und jedes Mal gab es einen riesigen frischen Blumenstrauß von ihm oder den Frauen aus den Blumenmärkten. Man kann sagen, dass ich ziemlich stolz darauf war seine Tochter zu sein.

5. 5 Begriffe, mit denen Du Deine Jugend skizzieren würdest?

1. Erste Liebe und erster Verlust und Scheitern meiner ersten großen Liebe;

2. Moped fahren mit meinem grünen Zweirad Simson S 50;

3. Disco und Tanzen an jedem Wochenende;

4. Lehre als Maschinenbauzeichnerin in Roßlau;

5. Studium in Wildau als Techniker für Maschinenkonstruktion

6. Beatles oder Stones?

Ich habe die Beatles, CCR oder auch Udo Lindenberg, Modern Talking, Boney M. Smokie, Karat und die Puhdys gerne gehört. Auf unseren Discos und Jugendtänzen wurde sehr viel dieser Art gespielt. Wir tanzten ausgelassen und fröhlich zu dieser Musik.

7. Der größte, wunderbarste, tollste Moment Deines Lebens?

Der größte, wunderbarste und tollste Moment meines Lebens, das war die Geburt meiner Tochter. Das Glücksgefühl, sie geboren zu haben war unbeschreiblich. Es war so wunderschön, sie das erste Mal in den Armen zu halten. Die Krankenschwester legte sie mir auf meinen Bauch. Dieses schöne Gefühl werde

www.andrea-v.de

ich nie vergessen. Es war ein Moment für die Ewigkeit. Ich war so glücklich, dass ich keinen Schmerz verspürte.

8. Die größte Krise oder Niederlage Deines Lebens?

Neulich bin ich bei Aldi gewesen und habe etwas eingekauft. Da traf ich ganz zufällig meinen Expartner mit dem ich vor 26 Jahren zusammen gewesen bin. Ich hatte ihn eine halbe Ewigkeit nicht mehr gesehen. Ich erzählte ihm meine Geschichte (Krebs, kranke Eltern, kranker Bruder). Mir kamen dabei sogar ein paar Mal die Tränen. Es war mir etwas peinlich. Er war sichtlich betroffen und tröstete mich etwas und wünschte mir alles Gute. Er sagte mir auch, dass ich eine sehr liebe und gute Person bin.

Wir wollten Beide damals heiraten. Er war meine erste große Liebe. Ich war damals so sehr von ihm verletzt worden. Kurz vor unserer Hochzeit kam er damals nach Hause und teilte mir mit, dass wir beide nicht heiraten können. Er hatte eine andere Frau kennen gelernt, die von Ihm ein Kind erwartete. Ich war zutiefst traurig, dass mir damals so etwas passiert ist. Auch meine Eltern litten damals sehr unter der Trennung. Wir hatten schon alles für die Hochzeit bestellt und das Kleid war auch schon gekauft (von einem kleinen Lottogewinn meines Vaters). Dieses Kleid habe ich vor ein paar Jahren über Ebay verkauft, nachdem es ein paar Jahre von mir nicht angerührt wurde.

Viele Jahre später hat sich dann herausgestellt, dass das Kind von der Anderen gar nicht von ihm war. Ich fuhr damals nach K. und wollte mit ihr über alles reden. Da sagte Sie zu mir, dass sie von U. schwanger ist.

Ich habe ihr das damals geglaubt. Auch wenn ich über alles sehr traurig gewesen bin. Er war viele Jahre mit der anderen Frau verheiratet. Mittlerweile sind die Beiden nicht mehr zusammen. U. ist jetzt mir einer anderen Frau glücklich verheiratet.

Als ich ihn dann gestern wiedersah, kamen die alten Wunden wieder in mir hoch. Ich bin gestern Abend deshalb sehr traurig gewesen.

Ich führe seit 25 Jahren eine glückliche Beziehung mit meinem heutigen Partner. Wir beide haben eine 19.-Jährige Tochter. Ich möchte auf keinen Fall die Uhr mehr zurückdrehen.

Und trotzdem bin ich froh, dass ich heute wieder ganz normal mit meinen Ex reden kann. Ich war damals sehr lange sehr verbittert und traurig. Ich war sehr enttäuscht damals über unsere Trennung. Aber heute habe ich Frieden mit ihm geschlossen.

8. Der größte Lern- und Entwicklungsschritt in Deinem Leben?

Seit meiner Brustkrebserkrankung ist mir sehr bewusst, dass wir meist in dem Glauben, noch ewig lange Zeit zu haben oft nicht im Augenblick – sondern mit dem Warten auf die großen, besonderen Dinge der Zukunft – leben. Und so die kleinen glücklichen Dinge in unserem Alltag verpassen, die eigentlich unser Leben ausmachen und

www.andrea-v.de

wir umso mehr wertschätzen sollten; man weiß nie, wie viele davon noch kommen werden.

Seit meiner Diagnose im April 2014: Brustkrebs mit Knochenmetastasen vor 1 1/2 Jahren hat sich mein Leben total auf den Kopf gestellt. Meine Einstellung zum Leben hat sich total geändert. Ich lebe seitdem viel bewusster, gesünder. Ich habe eine positive Einstellung zu meiner Krankheit entwickelt. Ich mache das Beste aus jedem Tag. Ich schiebe vieles nicht mehr auf und mache einfach.

Ich glaube fest daran, dass die Krankheit mir die Augen für die wirklich wahren und wichtigen Dinge in meinem Leben geöffnet hat. Das war der größte Lernfortschritt in meinem Leben.

9. Wenn Du Deinem 10-jährigen Ich von damals einen Ratschlag geben könntest, was würdest Du ihm sagen?

1. Tue was Dir am Herzen liegt. Lebe Deinen Traum.

2. Hüte Dich vor falschen Freunden und Neidern.

3. Sei mit Dir selbst im Reinen.

4. Erfülle Dir Deine Wünsche, sofern Du Einfluss darauf hast.

5. Genieße Dein Leben jeden Tag und jeden Augenblick.

6. Sei dankbar, für die Liebe, die Dir Deine Eltern und Großeltern entgegengebracht haben.

7. Helfe Deiner Mutter im Haushalt.

8. Wenn Du mit Dir selbst im Reinen bist, strahlt sich das auch auf Deine Umgebung aus.

9. Sei zufrieden mit dem wie Du bist und was Du hast. Sei geduldig mit Dir selbst. Nehme Dich so an, wie Du bist.

10. Lerne auch die kleinen Dinge zu schätzen.

11. Höre auf Dein Bauchgefühl.

12. Überlege Dir, wem Du etwas sagst.

13. Es geschehen oft Dinge im Leben, wo man sagt wieso ich. Keiner kann einem helfen und man muss Mut aufbringen und den Kampf aufnehmen. Sei stark und habe Mut, du schaffst es und siehe da alles wird dann gut.

10. Wenn Du Dich im Spiegel betrachtest, wen siehst Du?

Spieglein, Spieglein an der Wand

Der Spiegel. Manche fürchten ihn. Besonders morgens früh. Nach einer kurzen Nacht. Oder abends, wenn man ausgeht. Sich von der schönsten Seite zeigen möchte. Wen siehst Du in deinem Spiegel?

Ich werfe hier einige Fragen auf.

Wenn ich mich im Spiegel anschaue und dabei anlächle, sehe ich eine glückliche Frau in den Fünfzigern, die schon die ersten Falten um die Augen und im Gesicht hat. Ich finde diese kleinen Fältchen an mir sympathisch und sie gehören irgendwie zu mir dazu. Ich würde nie auf die Idee kommen und mir das Gesicht straffen zu lassen. Die Fältchen spiegeln meine vergangenen 52 Jahre wieder. Sie gehören zu mir dazu. Auch die Haare werden dünner und grauer. Aber das sind alles nur Äußerlichkeiten, die ich nicht wichtig finde.

Die innere Schönheit finde ich viel wichtiger. Ich glaube auch, dass meine jetzige positive Art zu denken, mich glücklich macht. Es gibt zwar Tage, wo es mir auch nicht so gut geht, aber die gehen auch vorüber. Ich klage nicht darüber und ich glaube auch daran, dass sich das positiv auf mein Empfinden und Aussehen auswirkt.

11. Der größte Schatz in Deinem Leben?

Ich habe gleich zwei Schätze in meinen Leben. Die größten Schätze in meinem Leben sind meine Tochter und mein Partner. Ich bin so froh, dass ich die Beiden habe. Ich liebe sie Beide sehr. Ich bin mit meinem Partner seit 26 Jahren zusammen. Wir führen eine glückliche Beziehung. Es gibt zwar auch immer mal wieder Höhen und Tiefen. Aber das finde ich völlig normal, dass so etwas zu einer Beziehung irgendwie auch dazu gehört. Ich habe seit meiner Erkrankung gemerkt, dass die Beiden voll und ganz zu mir halten. Wir gehen durch dick und dünn. Unsere Tochter ist im Sommer 19 Jahre alt geworden. Sie hat ein Duales Studium begonnen. Wir sind total stolz auf sie.

Meine liebe Sonja, vielen Dank für Deine Nominierung. Ich habe mir erlaubt die 11 Fragen an mich in meinen Blog zu kopieren. Da fällt mir das Beantworten etwas leichter. Ich werde mir in den nächsten Tagen die Zeit nehmen, Deine Fragen zu beantworten.

Meine liebe Sonja, nun habe ich alle 11 Fragen des Liebsten Award50plus beantwortet. Ich hoffe doch, dass Du meine Antworten auf Deine Fragen alle gelesen hast. Bitte schreibe mir mal Deine Meinung hierzu. Ich würde mich sehr freuen von Dir oder auch von meinen anderen Lesern zu hören. Ich würde mir denn in den nächsten Tagen 11 weitere Fragen ausdenken. Die einzige Sorge ist natürlich, Jemanden zu finden, der nominiert werden möchte und über 50 Jahre alt ist. Vielleicht könnt Ihr mich dabei ja unterstützen und ob Jemand da draußen Lust darauf hat, nominiert zu werden.

Mein Leben mit Brustkrebs

Heute früh klingelte mein Handy schon sehr früh. Ich hangelte mich total verschlafen an den Hörer. Der Heizöl-Lieferant kündigte sich an. Da musste ich mal ganz schnell aufstehen. Wir haben zum ersten Mal über das Internet das Heizöl bestellt. Der Fahrer klopfte kurz darauf schon an unsere Tür. Dann ging alles sehr schnell. Also ich kann es nur jedem empfehlen das Heizöl über Heizöl 24 zu bestellen. Wir sind jedenfalls sehr zufrieden damit. Erst gestern hatte ich beim Lieferanten angerufen, um die genaue Lieferzeit zu vereinbaren. Es hat alles prima geklappt.

Freitag 22.01.2016, Sportübungen, Sport macht Mut und tut gut

Nun habe ich heute Vormittag noch genügend Zeit, um zu meinem Sport zu fahren. Ich freue mich freitags immer sehr auf meine Sportgruppe. Es macht mir sehr große Freude mich mit meinen Sportkameraden zu treffen. Wir nehmen alle an einem Sportprojekt Sport zum Leben teil. Ich habe bei diesem Projekt schon viele nette Leute kennengelernt, die ebenfalls an Krebs erkrankt sind. Wir verstehen uns in dieser Gruppe ganz prima. Wir finden alle, dass der Sport uns guttut und uns neuen Mut macht.

- Als erstes beginnen wir immer mit einem leichten Aufwärmprogramm. Da setzen wir uns 10 Minuten auf das Fahrradergometer und treten in das Pedal. Dabei sitzen wir uns gegenüber und quatschen miteinander.
- Dann gehen wir in die Turnhalle und machen verschiedene Übungen: mal mit Gymnastikbällen, mal mit Hanteln oder Training an Fitnessgeräten. Dazu machen wir uns Musik an. Es macht uns allen großen Spaß in der Gemeinschaft zu turnen.
- Bei allen Übungen achten wir sehr auf unsere Atmung. Wir halten nicht die Luft an

(Pressatmung), sondern atmen Sie immer mit der Belastung durch den Mund aus.

- Bei der Arbeit mit Hanteln, stellen wir die Füße fest auf den Boden/Gerät.
- Sämtliche Übungen führen wir pro Übung 2-3 Serien a 15-20 Wiederholungen durch.
- Wir trainieren so, dass wir uns weder über- noch unterfordert fühlen.
- Das Allerwichtigste, der Spaß und die Geselligkeit kommen bei dem gemeinsamen Sport nicht zu kurz.
- Hinterher treffen wir uns meistens noch auf einen Kaffee oder Tee in der Cafeteria und tauschen uns miteinander aus. Es sind schon richtige Freundschaften daraus entstanden.

Weltkrebstag 2016, 04.02.2016

Am morgigen Donnerstag, den 04.02.2016 ist Weltkrebstag. Vor zwei Jahren um diese Zeit, hätte ich noch nicht gedacht, dass mich dieses Thema einmal so sehr interessiert und mich selbst einholt. Ich habe in den vergangenen 2 Jahren eine Achterbahn meiner Gefühle und Gedanken erlebt.

Ich befand mich damals kurz nach Diagnose Brustkrebs mit Metastasen in einer Schockzustand. Ich konnte damals kaum einen klaren Gedanken fassen. Die Brust-OP und die anschließende Krebstherapie (Bestrahlung, Port-OP, alle 4 Wochen Zometa) stand mir damals noch bevor. Ich wusste nicht, was alles auf mich zukommt. Die ganze Therapie habe ich bisher gut mit Höhen und Tiefen gemeistert. Ich habe gelernt gegen die Krankheit anzukämpfen. Ich versuche der negativen Seite der Krankheit immer noch etwas Positives abzugewinnen. Ich lebe seit dieser Zeit viel bewusster und genieße jeden Tag meines Lebens.

Ich habe gestern in unserer Lokalzeitung gelesen. Krebs ist eine heimtückische Krankheit. Jeder, der sie mal selbst erlebt hat oder in seinem familiären Umfeld hatte, weiß genau wie grausam und unberechenbar diese Erkrankung ist, die sich durch den Körper frisst und aus jeder einzelnen Zelle das Leben aussaugt. Oder aber sich scheinbar als geheilt ausgibt und für Jahre versteckt hält, um dann mit großer Wucht wieder zurückzuschlagen.

Gestern habe ich mich mal mit meiner Fitnesstrainerin näher über das Thema Krebs unterhalten. Dieses Gespräch hat mir ziemlich Mut gemacht. Sie meinte

97

auch, dass meine positive Einstellung entscheidend dafür ist, dass es mir den Umständen entsprechend recht gut geht. Diesen nachfolgenden Spruch habe ich mir von Fisch&Fleisch von den verstorbenen Werner Kobacka gefischt und wird mich durch dem Tag begleiten:

Alles, was Ihr tut, egal, was es ist, solltet Ihr positiv angehen, mit Begeisterung und guter Energie. Viele Menschen blockieren sich da leider selbst, sie jammern und kommen deshalb nicht voran. Freut Euch, auf alles, was Ihr tut, kostet das Leben aus, dann findet Ihr Euch leichter zurecht und habt auch mehr Spaß an allem! ...

Der 4. Februar ist Weltkrebstag

Zum ersten Mal fand der Weltkrebstag am 4. Februar 2006 statt. Er wurde ins Leben gerufen durch die Weltkrebsorganisation (UICC). Viele der mehr als 770 Mitgliedsorganisationen aus über 155 Ländern – darunter auch die Deutsche Krebshilfe – beteiligen sich an diesem Aktionstag. Ausführliche Informationen zu der aktuellen Kampagne "Wer can. I can.", wie etwa eine Karte mit den Events, die anlässlich des Weltkrebstages 2016 weltweit stattfinden, finden Sie in englischer Sprache unter: www.worldcancerday.org.

Andrea hat Brustkrebs, seit zwei Jahren kämpft die Deutsche gegen d
Metastasen in ihrem Körper – alles Gute, Andrea, weiter so! #weltkreb
#leben #meinung

Weltkrebstag, 04.02.2016 - von zeichnerin

http://meinlebenmitbrustkrebs.blogspot.com/2016/02/weltkrebstag-2016-
04022016.html Mein Leben mit Brustkrebs. Am heutigen Donnerstag, den 04.0
FISCHUNDFLEISCH.COM

19.786 erreichte Personen   ⟳ Ergebnisse anze

👍 Gefällt mir   💬 Kommentieren   ↗ Teilen

FischundFleisch, Silvia Jelincic, Susannah Winter, Claudia   Top-Komme
Braunstein und 542 anderen gefällt das.

Weltweites Motto: "Wir können. Ich kann."

Von 2016 bis 2018 steht der Weltkrebstag unter dem Motto "Wir können. Ich kann.". Dadurch möchte die UICC hervorheben, dass sich jeder engagieren kann - egal ob als Einzelperson oder im Kollektiv.

Montagabend um 17:00 Uhr in Neuruppin vor meinem Pilates Kurs

Ich bin heute schon früh aufgestanden. Ich war etwas walken. Es tut mir sehr gut. So komme ich besser in den Tag.

Heute will ich mich nach der Arbeit mit Ute B. aus Hamburg in Gerdas Cup Cake in Neuruppin treffen. Sie hat für ein paar Tage in Neuruppin dienstlich zu tun. Ich freue mich schon sehr auf diese Begegnung. Wir haben uns im letzten Jahr auf der Buga in Brandenburg kennengelernt. Auch sie hat vor Jahren gegen den Krebs gekämpft und ist jetzt völlig krebsfrei. Wir sind seit ca. einem 3/4 Jahr in Kontakt geblieben. Sie konnte mir schon eine Menge Tipps und Ratschläge mit auf den Weg geben. Ich bin sehr dankbar über jeden Ratschlag, den ich auch von anderen Krebsbetroffenen über die Krankheit lernen kann, bzw. wie ich gegen sie ankämpfen kann. Ute B. gehört für mich von Anfang an zu meinem engeren Kreis der Berater dazu.

Dienstag, 08.02.2016, Pilates

Dieses schöne Foto habe ich gestern in Neuruppin gemacht.

Gestern Abend habe ich mit einem neuen Kurs an der Kreisvolkshochschule begonnen. Ich will Pilates näher kennenlernen. Meine Leute aus der Sportgruppe haben mir zum Geburtstag eine Pilatesrolle geschenkt. Nun möchte ich mich einmal etwas näher mit dem Begriff Pilates beschäftigen.

Pilates kann viel für einen tun. Denn Stress und eine schlechte Haltung verursachen Verspannungen und Rückenschmerzen. Auch Sport ist nicht zwingend gesund, wenn Sie sich über Jahre hinweg nur einseitig belasten. Hier setzt Pilates als effektives Training an und bietet einen Weg zu mehr Entspannung und Wohlbefinden.

Für folgende Personen eignet sich Pilates:

- Bisher keinen oder nur wenig Sport gemacht haben
- Rückenprobleme haben
- Fit und beweglich werden wollen
- Ihre Körperhaltung verbessern möchten
- Ein ausgewogenes Krafttraining suchen
- Eine sinnvolle Grundlage und Ergänzung zu Ihrem Hobbysport wünschen

Das Training erfolgt auf der Matte oder an den Geräten

Pilates-Übungen werden auf der Matte und an speziell entwickelten Geräten durchgeführt. Die Bewegungen sind bei beiden Formen immer fließend. Während des Pilates-Trainings konzentrieren Sie sich voll und ganz auf Ihren Körper, Ihre Atmung und die korrekte Ausführung der Übungen. Da bleibt kein Raum für Alltagssorgen. Sie bauen Stress ab, fühlen sich nach der Stunde ausgeglichen und entspannt, weil Sie sich für eine Stunde ganz auf Ihren Körper konzentriert haben und alles andere außen vor bleiben sollte.

Zuerst haben wir Einführungsübungen gemacht. Ich muss schon sagen, dass es für mich zuerst ziemlich anstrengend war. Aber als ich warm wurde ging alles viel leichter. Es hat auch alles mit einer richtigen Atmung zu tun. Also mir hat es ziemlich gutgetan und so werde ich natürlich am nächsten Montag wieder dorthin gehen.

Erklärung von Begriffen:

Die Pilates-Box: Die vier Linien vom Oberkörper bilden ein perfektes Rechteck, das von Schulter zu Schulter und von dort zu den Hüften sowie von Hüfte zu Hüfte reicht. Dieses gedachte Rechteck hilft Ihnen, beim Trainieren Ihren Körper so auszurichten, dass seine Symmetrie gewart bleibt.

Hinterher habe ich noch mit meiner Freundin aus meiner Sportgruppe gequatscht.

17.02.2016, Brief von einer Freundin

Ein lieber Brief von einer Freundin hat mich heute erreicht: Jetzt geht es wieder los. Es heißt die Werbetrommeln müssen gerührt werden. Das diesjährige Rudern gegen Krebs findet am 03.September 2016 statt.

Ich werde am 03.09.2016 auch wieder dabei sein. Es ist mir eine Herzensangelegenheit.

Hier einen Ausschnitt aus der email:

Liebe Ruder- und Sportfreunde!

Nachdem der diesjährige Termin für die Benefizregatta "Rudern gegen Krebs" 2016 in Neuruppin mit der Stiftung vor wenigen Tagen endabgestimmt werden konnte, möchte ich auch euch diesen mitteilen.

Ich freue mich gemeinsam mit der Stiftung und unseren fleißigen Mitgliedern des NRC, wenn ihr uns am

3. September 2016 auch wieder unterstützen könnt. Wie ihr wisst, wird jede helfende Hand gebraucht, damit wir am Ende der Veranstaltung auf einen gelungenen Tag und zufriedene Gesichter schauen können. Die Presse wird uns wie gewohnt unterstützen und diesen Termin des Öfteren bekannt geben, damit möglichst viele Teilnehmer interessiert sind. Vielleicht könnt auch ihr die Werbetrommel rühren und kleine oder große Unternehmen ermutigen, teilzunehmen. Ich hoffe, dass das Ferienende und die Einschulungen am 3.9.2016 nicht dazu führen, dass zu viele Mannschaften fehlen. Ein Verlegen der Regatta war daher geplant aber nicht möglich.

Die Organisatoren sind gemeinsam mit uns bereits jetzt schon wieder in der Vorbereitung, auch wenn der September noch Lichtjahre entfernt scheint. Ich wünsche uns und euch allen, dass sich der Winter bald gänzlich verabschiedet und eine erfolgreiche und schöne Rudersaison!

Viele Grüße,

Antje S.

Neuruppiner Ruder-Club e.V.

Rezensionen beim Probelesen:

Ja, genauso ist es!

Jeder muss seinen Weg finden!

Wir schaffen es!!! LG Sabine S. Januar 2017

Das finde ich auch! Die kleinen Dinge im Leben, Familie und gute Freunde sind wichtig. Man muss bloß aufpassen, dass man sich die positive Sichtweise bewahrt und nicht wieder in den alten Trott verfällt.

Alles Liebe A.J.

Nachwort:

Das Aufschreiben meiner Gedanken und Gefühle im Zusammenhang mit meiner Brustkrebserkrankung hat mir sehr bei der Bewältigung meiner Diagnose und Therapie geholfen.

Eine liebe Rezension über die sozialen Medien hat mich erreicht. Da habe ich mich sehr darüber gefreut.

Hallo Andrea, ich habe dein Buch mit sehr viel Interesse gelesen. Das zweite hast du super geschrieben. Ich entdeckte auch Gemeinsamkeiten. Was mir gefällt ist deine positive Einstellung zum Leben. Das mit dem Rudern fand ich super.

Mit einer unheilbaren Krankheit zu leben, ist bestimmt nicht einfach. Also mir geht es so. Mein Onkologe hat mir ein Attest geschrieben, da steht mit der unheilbaren Krebserkrankung. Da musste ich schon schlucken. Aber Dein Buch macht mir und vielen anderen Betroffenen und Angehörigen Mut. Nein Jetzt ist Schluss mit Krankheiten. Es ist schön, dass ich mit dir befreundet bin. Bleib so, wie du bist. Liebe Grüße und einen schönen Abend

www.andrea-v.de

Unter folgenden Links und Accounts könnt ihr mich im Netz finden:

Mein Blog: www.andrea-v.de

Mein   alter   Blog: meinlebenmitbrustkrebs.blogspot.com

Meine E-Mail – Anschrift für Euch: info@andrea-v.de

Homepage von unserer Ferienwohnung:

www.ferienwohnung-am-schloss-wustrau.de

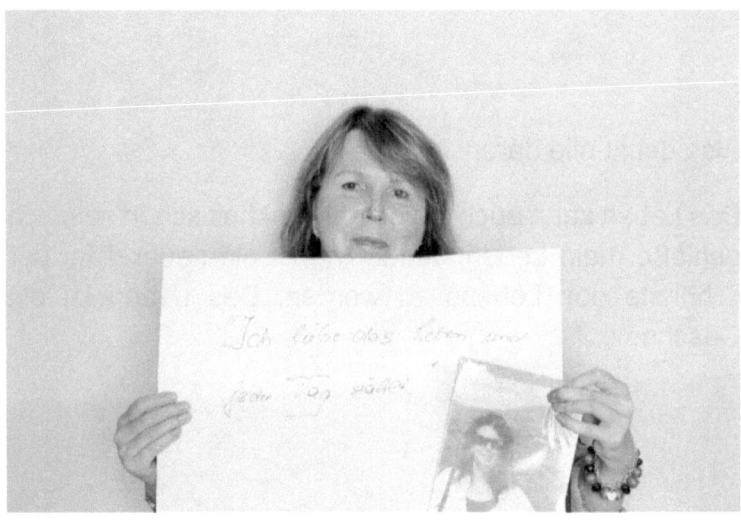

Nachwort:

Ich wünsche Ihnen allen viel Spaß beim Lesen.

Das Buch dient auch als Andenken für all jene Menschen, die den Kampf gegen die Krankheit verloren haben und nicht mehr unter uns sind und auch für alle Menschen, die noch kämpfen.

Vielen Dank an alle Leser und Leserinnen meines Buches. Ich würde mich sehr über Eure Rezensionen freuen.

Also denkt alle daran:

Das Leben kann auch mit einer Krankheit schön sein. Ich genieße mein Leben. Jeder Tag ist ein neuer Tag, der schönste des Lebens zu werden. Das Leben ist ein Geschenk

www.andrea-v.de

Impressum

Andrea Voß
Am Schloss 12a
16818 Wustrau

Kontakt:
Telefon: 0152/ 04641405
E-Mail: info@andrea-v.de

Urheberrecht am Text: Andrea Voß

Internetseite: www.andrea-v.de

Fotos und Coverbild von Andrea Voß

www.andrea-v.de

Bibliografische Information der Deutschen Nationalbibliothek: Die Deutsche Nationalbibliothek verzeichnet Publikation in der Deutschen Nationalbibliografie; detaillierte bibliografische Daten sind im Internet über dnb.d-nb.de abrufbar.

TWENTYSIX – Der Self-Publishing-Verlag

Eine Kooperation zwischen der Verlagsgruppe Random House und BoD – Books on Demand

2018

Herstellung und Verlag:

BoD – Books on Demand, Norderstedt

ISBN:

978-3-7407-5184-5

www.ingramcontent.com/pod-product-compliance
Lightning Source LLC
Chambersburg PA
CBHW030338020726
47493CB00004B/1321